La délinquance juvénile selon un civiliste

LA DÉLINQUANCE JUVÉNILE SELON UN CIVILISTE

CLOTAIRE MOULOUNGUI
Docteur en sciences criminelles
Maître de conférences hors classe à l'ULCO
Rédacteur en chef de la Revue GestEcoDroit
Ancien membre du CNU Section 01

6, square du capitaine Guynemer
59960 Neuville-en-Ferrain
Didactijuris@yahoo.com

ISBN : 978-2-487740-29-7
EAN : 9782487740297

De Clotaire MOULOUNGUI

Chez le même éditeur

Absentéisme et climat social, Didactijuris, 2024, 388 pages.

Responsabilités et Indemnités en matière d'Absentéisme, Didactijuris, 2024, 230 pages.

La question de la légitimité des absences au travail et ailleurs, Didactijuris, 2024, 314 pages.

Méfaits et Bienfaits de l'Absentéisme, Didactijuris, 2024, 233 pages.

L'absentéisme dans les métiers du care ou du soin, Didactijuris, 2024, 121 pages.

Le sous-effectif dû au personnel, préface Jean-Yves Kerbourc'h, Didactijuris, 2024, 449 pages.

Création ou Gestion d'Entreprises et Droit, préface Denis Pohé-Tokpa, Didactijuris, 2025, 289 pages.

La Bienfaisance Préjudiciable de l'Employeur, préface Komlan Alemawo, Didactijuris, 2025, 163 pages.

L'absentéisme dans les formations, préface Catherine Couturier, Didactijuris, 2025, 347 pages.

Chez d'autres éditeurs

Notions fondamentales du droit, L'Harmattan, 2001, 208 pages

La solidarité familiale, L'Harmattan, 2004, 250 pages

Tenues de travail et management des organisations, L'Harmattan, 2006, 212 pages

L'admissibilité du profit dans la subrogation, LGDJ, 1995, 326 pages

Introduction générale au droit, Volume 1, Les principes de création, de diffusion et d'application des règles de droit, Publibook, 2001, 258 pages

Introduction générale au droit, Volume 2, L'acquisition, la preuve et la protection des droits, Publibook, 2004, 258 pages

Sommaire

Introduction à la délinquance juvénile

1. – La rétribution pénale des délinquants en tous genres.

1. – La vie en société serait désagréable et périlleuse si régnait la loi du plus fort. Aussi, pour la sécurité et la paix de chacun, diverses obligations et interdictions s'imposent à tous ; même dans les jeux et les sports. Oui, « *sans respect des règles, sans arbitres et juges indépendants, c'est la loi du plus fort qui l'emporte. Il est temps de réaffirmer l'autorité du droit* » (1).

2. – Certaines des interdictions et obligations alors ainsi édictées par les autorités publiques apparaissent particulièrement essentielles à la collectivité (2). De sorte que le coupable de leur violation s'attendra à divers désagréments (3). Le plus rude de ces désagréments est la privation de liberté, laquelle se dénomme techniquement une réclusion (pour le coupable d'un crime) et un emprisonnement (pour l'auteur d'un délit). Par abus de langage, le second terme est trop souvent préféré ; y compris dans cette publication.

3. – Sont en outre encourues (par les coupables) des condamnations patrimoniales, comme la confiscation de biens ou les amendes, au profit du Trésor public, ainsi que les dommages-

---

1) Gérard COUDERT, Sauver l'arbitre, sauver la démocratie, JS 2025, n°263, p.3.

2) Christophe ANDRÉ, Buts poursuivis, intérêts protégés, valeurs sociales défendues en droit pénal : un cabinet des antiques ? RSC 2025. 255.

3) Les peines les plus sévères (qui correspondent aux crimes les plus graves) relèvent des cours d'assises. Les membres de celles-ci (les jurés) sont de simples particuliers (des Français de 23 ans révolus, sans casier judiciaire). Les magistrats de carrière (des juristes) œuvrent dans les instances inférieures de jugement (cour criminelle départementale, tribunal correctionnel), ainsi que dans les juridictions d'instruction (juge d'instruction, chambre de l'instruction de la cour d'appel).

intérêts au profit de la victime de l'infraction. Pire, il se rajoute, plus ou moins automatiquement, des interdictions professionnelles, civiques, civiles, ou de famille (4). À certains observateurs, un tel acharnement pénal semble excessif ; par exemple en matière de mendicité (5).

4. – En vérité, une juridiction pénale de jugement ne se confond nullement avec un vulgaire D.A.P., c'est-à-dire un distributeur automatique de peines. En effet, les juges disposent d'un pouvoir d'appréciation. Même si la loi pénale est d'interprétation stricte (6). Concrètement, les juges combinent divers critères en vue de la qualification des faits, puis pour le choix de la peine idoine. Déjà, le même fait passera de la simple qualification de violences à celle d'homicide, selon sa conséquence ultime. C'est dire que la gravité du préjudice pénal implique une sanction plus sévère (7).

5. – Dans nombre de cas, la sanction normale se trouve aggravée par le Code pénal. Par exemple lorsque la victime était membre de la famille du coupable (8). Mais dans ce cadre-là, si le

---

4) Georges VERMELLE, Non-cumul d'une peine d'emprisonnement et d'une interdiction professionnelle, RSC 2004. 873 ; Bernard BOULOC, Durée de l'interdiction des droits civiques, civils ou de famille et de l'interdiction de séjour, RSC 1996. 117 ; Caroline FLEURIOT, Contrôle judiciaire et interdictions professionnelles, D.A. 22 mars 2012.

5) Pendant des siècles la France aura pourchassé ses vagabonds et ses mendiants, avant de songer finalement à leur fournir des aides institutionnelles. Ce n'est pas encore le cas dans tous les pays. Cf. Catherine BERLAUD, Sévérité de la loi pénale suisse qui punit la mendicité en question, Gaz. Pal. 16 févr. 2021, n° 396f8, p. 43.

6) Hubert CHARLES, Interprétation stricte de la loi pénale, D. 2000. 307.

7) Paul CAZALBOU, Retour critique sur le principe d'unicité de qualification des faits en droit pénal, RSC 2018. 387 ; Eudoxie GALLARDO, La qualification pénale des faits, RSC 2013. 986.

8) Vincent EGÉA, De quelques notions clefs du droit de la famille au prisme du droit pénal, RTD civ. 2025. 313 ; Massil BENBOURICHE, Frédérique LE

viol sur sa propre conjointe est davantage puni que celui sur une étrangère à la famille, en revanche l'accaparement de (simples) valeurs au détriment de cette conjointe se conclura en général par une immunité pénale (9). Après tout, la solidarité familiale consiste habituellement à protéger les siens ou à partager leurs avantages et déboires (10). Encore que (du point de vue civil) le remboursement des valeurs en question restera dû par le parent voleur, escroc, extorqueur ou maître chanteur.

6. – Par ailleurs, la personnalité même de l'individu poursuivi conduit à la modération ou à l'aggravation de sa peine. Chacun se doute que le récidiviste endure toujours davantage que le primo-délinquant (11). Le problème néanmoins est que toutes ces distinctions sur les faits délictueux et sur les personnes poursuivies obscurcissent nettement la compréhension du droit aux populations (12).

7. – Surtout que des garanties sont reconnues aux accusés (de crimes) et aux prévenus (de délits). Tant que la personne poursuivie n'est pas encore définitivement condamnée, elle bénéficie d'une présomption d'innocence. Dans ces conditions, il revient au ministère public (l'auteur des poursuites) de rapporter (aux juges indépendants) la preuve de la culpabilité de l'accusé ou du prévenu. En d'autres termes, la condamnation pénale ne

---

DOUJET-THOMAS et Christine DESNOYER, Les violences sexuelles dans la famille : quel traitement juridique ? AJ pénal 2020. 272.

9) Pierre MOUSSERON, Les immunités familiales, RSC 1998. 291.

10) Clotaire MOULOUNGUI, La solidarité familiale, L'Harmattan, 2004, 309 pages.

11) Véronique TELLIER-CAYROL, La récidive : de quelques paradoxes et incohérences, AJ pénal 2012. 64.

12) Hervé MOYSAN, L'accessibilité et l'intelligibilité de la loi, AJDA 2001. 428 ; Marc GUERRINI, L'accessibilité et l'intelligibilité de la loi, Droit social 2024. 110.

saurait résulter de la seule émission de soupçons et, sans doute non plus, de l'invocation d'un faisceau d'indices (13).

8. – C'est ainsi que des années de recherche et des moyens conséquents sont-ils investis par la collectivité en vue d'aider à la manifestation de la vérité (14). À l'évidence, bien révolue est l'époque où, grâce à la torture ou à des mauvais traitements, des aveux complets s'obtenaient impunément de l'individu soupçonné (15). Encore que les jeunes générations se filment volontiers lors des exactions qu'ils commettent, puis se dénoncent quasiment en diffusant le film probatoire sur leurs réseaux sociaux. Il convient aussi de noter qu'aux USA « *les dérives dans la recherche de la preuve* » demeurent inquiétantes (16).

9. – Aujourd'hui, en France, outre qu'un médecin et un avocat participeront à la préservation de l'intégrité physique de la personne mise en cause (en garde à vue), de plus celle-ci jouit d'un droit au silence (17) ; d'un droit de ne pas s'auto-incriminer (18). Cependant, de telles protections et garanties exaspèrent les

13) Antoine BLOCH, Au procès du « financement libyen » : « Le faisceau d'indices est une preuve comme une autre », D.A. 28 mars 2025.

14) Comme exemples : l'affaire de noyade du petit Grégory dans la Vologne et le naufrage du chalutier bugaled breizh au large des côtes britanniques.

15) Audrey DARSONVILLE, L'affaire Mis et Thiennot et la révision des condamnations pénales, AJ pénal 2023. 9.

16) Marie-Sophie BAUD, La manifestation de la vérité dans le procès pénal : une étude comparée entre la France et les États-Unis, Th. LGDJ, 2022.

17) Antoine BOTTON, Limites de l'exigence de notification du droit de se taire, RSC 2025. 425.

18) Pierre-Jérôme DELAGE, I - Principes directeurs de la procédure pénale, Le droit de ne pas contribuer à sa propre incrimination, source d'un aménagement de la charge de la preuve de la qualité à agir en nullité, RSC 2025. 101. Dominique BERLIN, Droit à la non-auto-incrimination et obligation de coopération à l'enquête : l'équilibre délicat, La Semaine Juridique Edition Générale n° 10, 8 mars 2021, act. 267.

victimes et les commentateurs des faits divers (19). Apparemment, peu leur importe que l'accusé ou le prévenu ne soit pas encore un adulte.

2. – La protection de l'enfant lors de la chasse au crime.

12. – La magnanimité du Code pénal et du Code de procédure pénale joue plus encore en faveur des mineurs ; les mineurs d'âge bien sûr (20). Une minorité qui s'arrête à 18 ans et fait alors place à la pleine responsabilité civile. Néanmoins, en matière pénale, une sorte d'émancipation juridique pèse sur le jeune dès ses 16 ans ; voire à partir de 13 ans. Avant cet âge, aucune sanction pénale n'est à craindre par le petit. Même si une auteure avait cru pouvoir écrire (en 2007) qu'une « *frénésie répressive touche particulièrement les mineurs* » (21).

13. – Au fond, tout est question de discernement. C'est-à-dire, d'une part, la capacité de comprendre et vouloir l'acte délictueux en cause ; d'autre part, l'aptitude à comprendre la procédure pénale engagée (22). Selon la lettre même de la loi : « *Les mineurs de moins de treize ans sont présumés ne pas être capables de discernement. Les mineurs âgés d'au moins treize ans*

---

19) Anne PORTMANN, Présence de l'avocat en garde à vue : pas d'exception systématique en matière de terrorisme, D.A. 18 octobre 2013 ; Patrick CHARIOT, L'intervention du médecin en garde à vue, AJ pénal 2004. 279.

20) Il existe désormais un Code de la justice pénale des mineurs.

21) L'opinion inverse aura déjà été rapportée en 2007 ; une époque où l'on aura pensé que : « *La réponse pénale devrait s'accélérer sous l'effet d'une nouvelle procédure de présentation immédiate devant la juridiction pour mineur* » (Virginie GAUTRON, La fin de la singularité du modèle français de prévention de la délinquance, AJ pénal 2007. 205).

22) Code de la justice pénale des mineurs, article L11-1, alinéa 1.

sont présumés être capables de discernement » (23). Cette distinction protectrice des jeunes contredit l'excessive crainte d'un manque d'empathie ou d'humanité envers eux (24).

14. – Autrefois, la réaction pénale était d'une particulière rigueur à l'encontre des jeunes délinquants aussi. Il suffit en effet de songer à : « *Mettray, Aniane, Belle-Ile-en-Mer ... Ces noms évoquent une période particulièrement sombre de l'histoire pénitentiaire. Au sein de ces colonies, enfants et adolescents ont été soumis, pendant un siècle, à un traitement souvent violent, mêlant travail harassant, sévices et privations. Ces « bagnes pour enfants », très critiqués mais jamais vraiment réformés, disparaissent en 1945, date qui marque un changement complet de paradigme pour la prise en charge de la délinquance juvénile* » (25).

15. – Le problème est que presque tous les vieux (dans le monde) trouvent la jeunesse comme étant ignorante, ingrate et violente. C'est vrai que les blessures physiques ou psychologiques vécues durant les âges avancés de la vie proviennent d'individus forts et insouciants (c'est-à-dire de jeunes gens). Encore que dans quelques contrées lointaines les cheveux blancs témoignent encore d'une sagesse appelant solidarité familiale et crainte révérencielle (26).

16. – En revanche, et à croire des chercheurs canadiens, le doute ne serait point permis « *dans la plupart des pays occidentaux qui sont aux prises avec une panique morale au sujet*

---

23) Code de la justice pénale des mineurs, article L11-1, alinéa 2.

24) Sophie Diehl, Un enfant en conflit avec la loi est un enfant qui relève de la protection de l'enfance, AJ pénal 2025. 223.

25) https://www.enap.justice.fr/histoire/colonies-penitentiaires-pour-mineurs.

26) Youssef GUENZOUI, La crainte révérencielle, D. 2010. 984 ; Georges LEVASSEUR, Viol d'un mineur par son père, RSC 1993. 781.

du comportement de leur population juvénile » (27). D'ailleurs, indique une auteure argentine (et sa traductrice) : « *Quand on parle d'insécurité et de délinquance, les adolescents et les jeunes sont pointés du doigt et désignés comme les archétypes du danger en la matière* » (28).

17. – Par ailleurs, des spécialistes autoproclamés de la délinquance juvénile avaient prophétisé (pour les années 2000) une démultiplication de jeunes délinquants "*super-prédateurs*" (29). Ce qui (Dieu merci) ne sera jamais arrivé chez nous ; ou pas encore ! Il n'empêche que la France aura hésité à faire revenir sur son territoire les enfants de ses nationaux djihadistes partis en Syrie (30). Elle aura anticipé la dangerosité de ces enfants ("*futures bombes humaines*") à l'instar de leurs géniteurs, terroristes indifférents au bien-être et à la vie d'autrui (31).

18. – Cela étant, compte tenu de diverses excuses, l'accusé ou le prévenu échappe parfois à la peine prévue. Toutefois, cette possible exonération pénale ne neutralise pas systématiquement le droit pour la partie civile (la victime) de réclamer des

---

27) Stéphane LEMAN-LANGLOIS, Doob et Carla CESARONI, Responding to Youth Crime in Canada, RSC 2005. 445.

28) Silvia GUEMUREMAN et Maryse ESTERLE, La délinquance juvénile et son traitement judiciaire en Argentine, RSC 2014. 227. Il s'agit d'un pays autrefois puissant, mais désormais redescendu dans le groupe du tiers monde. Son opinion publique (abreuvé par les médias et les réseaux sociaux) redoute l'insécurité consécutive à la délinquance des jeunes.

29) Stéphane LEMAN-LANGLOIS, Doob et Carla CESARONI, préc.

30) Florence MERLOZ, La question inédite du rapatriement des familles françaises de djihadistes devant la CEDH, D.A. octobre 2021 ; Julie Alix, Radicalisation et droit pénal, RSC 2020. 769.

31) https://www.huffingtonpost.fr/international/article/ces-enfants-soldats-enroles-par-daech-appeles-bombes-a-retardement-je-les-ai-rencontres_150300.html. https://www.diplomatie.gouv.fr/fr/dossiers-pays/syrie/evenements/actualites-2022/article/rapatriement-d-enfants-et-de-meres-du-nord-est-syrien-05-07-22.

dommages-intérêts (32). Dans ces conditions, le mineur en assumera éventuellement (33). Sachant qu'il pourrait être riche et assuré, tandis qu'au contraire sa victime manquerait de pareilles protections patrimoniales (34).

19. – Comment donc réagir (ou de quelle façon procéder peut-être à l'avance) pour préserver la société des méfaits des mineurs ? D'ailleurs, quels sont-ils exactement ? Sans doute un panorama, même bref, de leurs sombres exploits se conçoit-il pour commencer (Section 1). Puis viendra la constatation de l'impuissance des adultes, lesquels se perdent trop souvent en disputes stériles sur la réaction aux agissements des jeunes (Section 2).

32) « *Compatible avec l'obligation de réparation, la folie ne l'est plus avec la sanction, elle appelle le traitement, non le jugement* » (Catherine SEVELY, Réflexions sur l'inhumain et le droit, RSC 2005. 483).

33) Code civil, art. 414-3, anc. 489-2, transféré en 2007. Il y a bientôt une cinquantaine d'années que cette idée aura été admise lors du mandat présidentiel de Valéry GISCARD D'ESTAING.

34) Hobinavalona RAMPARANY et Anne SCATTOLIN, Quelques réflexions sur l'assurabilité des sanctions pécuniaires relevant de la matière pénale, RGDA nov. 2023, n° RGA201p1.

Section 1. – Le panorama de la délinquance juvénile

21. – Tout Code pénal comporte une sorte d'inventaire des infractions possibles et des sanctions inhérentes (35). Les infractions ainsi envisagées ne sont pas seulement perpétrées par des adultes, mais également par des mineurs (§ 1). Ces deux variétés d'auteurs ne se distinguent néanmoins quant à la peine à subir (§ 2).

§ 1. – Les méfaits infractionnels des mineurs

22. – Le commun des mortels se figure volontiers que le crime suppose un mort et/ou une effusion de sang. Ce qui est absolument faux ; encore que tous les crimes ne se vaillent point (36). En revanche, tout à fait exacte apparait l'intuition selon laquelle le potentiel criminogène des jeunes n'aurait rien à envier à celui des adultes.

23. – Car ils peuvent bel et bien être auteur de coups et/ou de blessures, lesquels se révèleront parfois mortels (A.). Un méfait plus sournois leur est même familier : le mensonge. Celui-ci représente un délit punissable au regard de ses ravages (B.).

---

35) Il se trouve au moins un chapitre qui « *connaît un inventaire d'infractions à la Prévert, la poésie en moins* » (François FOURMENT, Répertoire de droit pénal et de procédure pénale, Faux témoignage, MAJ 2014.

36) Par exemple : « *les peines encourues au titre du viol révèlent, en elles-mêmes et en comparaison des autres crimes du code pénal, qu'il est encore considéré comme un (trop) petit crime* » (Aurélie CAPPELLO, Le viol, un trop petit crime, D. 2025. 842).

A. – *Une violence infantile quelquefois source de mort*

24. – Les infractions commises par les enfants manifestent parfois une grande dose de méchanceté. Cependant, certaines autres relèvent davantage de la pure bêtise.

1. – La persistance de la méchanceté des enfants.

25. – À croire Jean-Jacques ROUSSEAU, « *l'homme est naturellement bon* ». Ce serait en effet la société qui le corromprait en le forçant (en l'ayant forcé) à sortir de l'état de nature (37). Néanmoins, une soixantaine d'années auparavant, John LOCKE, un auteur anglais majeur en droit public (et surtout en science politique), avait proclamé que « *l'enfant martyrise les animaux, le plus souvent, sans se douter qu'il leur fait du mal. Il torture un chat comme il éventre sa poupée, pour exercer son besoin d'activité et pour satisfaire sa curiosité* » (38).

26. – À n'en pas douter, l'enfance représente une période de la vie pleine de comportements impétueux et impitoyables. Par exemple, le tiers des viols subis par les mineurs sont commis par d'autres mineurs, souvent de plus de 16 ans (39). Or cette cruauté infantile n'est pas seulement de notre temps.

27. – Effectivement, indique un auteur : « *[...] la délinquance des (très) jeunes puise dans le répertoire [...] bien connu des historiens des faits divers et des meurtres inclassables. L'historien Denis Crouzet rapporte ainsi le rôle des enfants-*

---

37) Jean-Jacques ROUSSEAU, Discours sur l'origine et les fondements de l'inégalité parmi les hommes, 1755.

38) John LOCKE, Quelques pensées sur l'éducation, 1693. Ce philosophe est mort riche (à 72 ans, en 1704) grâce à sa participation active à la traite négrière.

39) Selon Infostat Justice, n° 160.

bourreaux, au XVIIe siècle, qui s'amusaient à saccager les cadavres des ennemis huguenots [protestants] pendant les guerres de religion. Plus près de nous, les exemples ne manquent pas de violences commises par ces criminels tout juste pubères, mais souvent ignorants ou inconscients de la gravité de leurs gestes » (40).

28. – L'on aura atteint le paroxysme de l'horreur au Royaume-Uni de la part de deux jeunes de 10 ans. Car alors qu'ils déambulaient (en situation d'école buissonnière) dans un centre commercial, ils enlevèrent un garçonnet de deux ans (le 12 février 1993). Non pas en vue d'une rançon, mais pour le violenter. Ils le frappèrent jusqu'au sang et le laissèrent pour mort (à moins de trois kilomètres de là), près d'une ligne de chemin de fer.

29. – La question s'est alors posée de savoir s'il fallait les juger malgré leur jeune âge (41). En France, les options de l'alternative sont plus exactement la punition et l'éducation (la rééducation) ; tout au moins dorénavant (42). Et les occasions de se poser cette question ne manquent pas.

30. – L'on sait qu'il y a quelque temps une enquête pour assassinat aura été diligentée par le procureur de la République de Pontoise. La raison est qu'une collégienne de 14 ans (ALISHA) avaient été noyée par deux autres jeunes, seulement âgés d'une année de plus, et amoureux. Comme la victime, ils habitaient

---

40) David PARGAMIN, L'enfance, un âge sans pitié ?, Philosophie Magazine, 12 mars 2021. Rappelons aux lecteurs oublieux que les Huguenots signifiaient les protestants, une minorité confrontée à une majorité catholique.

41) La CEDH a considéré que cet âge n'était pas trop bas pour un procès pénal (François TOURET DE COUCY, Enfance délinquante, in Répertoire de droit pénal et de procédure pénale, 2005, n° 53).

42) https://www.enap.justice.fr/histoire/colonies-penitentiaires-pour-mineurs).

Argenteuil dans le Val-d'Oise. Ils fréquentaient le même établissement de Cognacq-Jay ; un établissement (pourtant) privé (43).

31. – C'est en tous cas l'occasion de préciser que la colère incontrôlée des jeunes est un facteur important du passage à l'acte. Oui, « *une grande partie des homicides commis par des mineurs en France résultent d'altercations (40 %)* » (44). Leurs autres agissements fâcheux sont souvent plus bêtes que méchants (45).

2. – Les jeux bêtes et méchants des adolescents.

33. – De grands adolescents pratiquent sadiquement des jeux dangereux pour autrui. Par exemple, de leur voiture en marche, certains d'entre eux avaient happé le bras d'un passant, lequel aura finalement dû courir afin de pas tomber (46). D'autres encore giflent subitement un piéton ou un individu en attente de son transport en commun, et (ils) s'enfuient aussitôt. Hélas, il sera même arrivé qu'ils s'acharnent sur un handicapé (47). Or l'entourage adulte ne donne pas forcément le bon exemple (48).

---

43) https://www.lefigaro.fr/actualite-france/je-voulais-de-la-rigueur-et-de-la-discipline-ces-adeptes-du-public-qui-se-tournent-vers-le-prive-20240119.

44) Aurélien LANGLADE, Keltoume LARCHET et Sahana RATTINAM, Les homicides commis par des mineurs : cadres explicatifs et enjeux criminologiques, AJ pénal 2025. 224.

45) Félix ROME, Plus bête que méchant... – D. 2011. 2193 ; Félix ROME, Bête mais pas méchant... D. 2014. 265.

46) https://www.lematin.ch/story/arretes-pour-avoir-traine-des-pietons-tout-en-roulant-584008236961; https://www.leparisien.fr/seine-saint-denis-93/noisy-le-sec-un-automobiliste-soupconne-de-trainer-des-pietons-sur-plusieurs-metres-place-en-garde-a-vue-10-01-2022-DTTF2HIJPFBJVIFBIBPDLVXJWM.php.

47) « *Les personnes handicapées sont plus souvent victimes de violences physiques, sexuelles et verbales. [...]. Les victimes en situation de handicap*

34. – À n'en pas douter, les amusements juvéniles sont bruyants et/ou exaspérants pour les honnêtes gens désireux de prendre un peu de repos. De sorte que ces derniers (excédés) en viennent parfois à commettre l'irréparable. L'on a pu lire dans le journal que : « *Haute-Garonne : excédé par le bruit, il sort de sa maison armé d'un fusil et menace des jeunes* » (49) ; ou bien : « *La Rochelle : gêné par des bruits de moteurs, il tire avec sa carabine dans le quartier de Mireuil* » (50)

35. – La douceur enfantine et/ou féminine apparaît comme un vieux cliché. En pratique, le rajeunissement des auteurs d'infractions le dispute à leur féminisation (51). Un colloque parisien de mars 2025 en porte témoignage (52). L'on sait également que dans L'AFFAIRE ILAN HALIMI, un boutiquier de téléphonie mobile avait été séduit par une fille servant d'appât ; en vue du rapt de ce petit commerçant dont les parents (fantasmés comme richissimes) verseraient alors une rançon aux

---

sont deux fois plus souvent agressées chez elles ou à proximité de leur domicile et connaissent plus fréquemment leur agresseur » (Éva Baradji (DREES) et Olivier Filatriau (SSMSI), https://drees.solidarites-sante.gouv.fr/sites/default/files/2020-10/er1156.pdf).

48) https://www.charentelibre.fr/2021/05/21/giflee-parce-qu-elle-allaite-dans-une-file-d-attente-video,3746077.php?nic.

49) Rémi BUHAGIAR, https://www.ladepeche.fr/2021/03/01/haute-garonne-excede-par-le-bruit-il-sort-de-sa-maison-arme-dun-fusil-et-menace-des-jeunes-9401662.php).

50) Marine PROTAIS, https://www.francebleu.fr/infos/faits-divers-justice/la-rochelle-gene-par-des-bruits-de-moteur-il-tire-avec-sa-carabine-dans-le-quartier-de-mireuil-1568739236).

51) https://www.radiofrance.fr/franceinter/podcasts/l-info-de-france-inter/l-info-de-france-inter-1388615.

52) https://www.assas-universite.fr/fr/evenements/femme-criminelle.

ravisseurs particulièrement bêtes et méchants (53). Un profil d'ailleurs susceptible de revêtir un mensonge éhonté.

B. – Les tourments dus aux mensonges des mineurs.

38. – Le statut de la parole de l'enfant a récemment connu une évolution parfois critiquée. Car cette parole pourrait receler un mensonge dont la victime peinera à obtenir réparation.

1. – La sacralisation de la parole de l'enfant.

39. – Les jeunes délinquants n'usent pas seulement de la force physique contre les personnes ou contre les biens. Effectivement, ils recourent parfois à la ruse ou à la malice. Or leurs mensonges (leurs calomnies) emportent potentiellement des conséquences ravageuses au préjudice d'autrui. De fait, le mensonge, même bénin, peut devenir le point de départ d'un engrenage fatal. L'on sait qu'un professeur de collège (Samuel PATY) avait été décapité en pleine rue avec la complicité d'élèves. Plus exactement, le point de départ de l'affaire aura été l'invention d'une fable par une collégienne désireuse de cacher ses absences scolaires à sa famille (54).

40. – Heureusement que le mensonge des jeunes n'aboutit pas forcément à la mort d'autrui. Certes, les morts ne souffrent normalement pas ; au contraire des individus devant surmonter l'affabulation peut-être source d'une durable suspicion quant aux

53) Marine BABONNEAU, Procès de Youssouf Fofana : la « terreur » et le silence, D.A. 11 janvier.

54) Julie GALLOIS, Délit de risque causé à une personne dépositaire de l'autorité publique par diffusion d'information : précision sur l'action civile, D.A. 14 mars 2025.

mœurs de l'intéressé. C'est le moment de se rappeler ces vers du poète : « *Un mot, un geste, un rien// peuvent blesser une âme// étincelle en suspens d'où jaillira la flamme// graine jeter dans un champ toujours fécond* » (55).

41. – À croire le livre le plus imprimé du monde, son principal prophète (J.C.) demandait qu'on laissât venir les enfants à lui ; ajoutant que la vérité sortait de leur bouche. Pourtant des milliers de générations seront (quand même) restées dubitatives ; car persuadées à l'inverse de la capacité infantile d'affabulation. Nul n'ignore qu'au quotidien, il arrive qu'un garnement nie avoir mangé une confiture qui pourtant dégoulinerait encore de ses doigts (56). Par conséquent, la parole des enfants étaient sujet à caution ; avant de devenir sacrée aujourd'hui.

42. – La sacralisation de la parole de l'enfant est une évolution qui, désormais, permet d'identifier et de punir les monstruosités dont ils sont parfois victimes. Néanmoins, le mouvement de balancier survenu détruit quelquefois la vie d'honorables adultes injustement accusés d'abominations à connotation sexuelle (57).

43. – Par exemple, au milieu de l'année 2000, un enfant avait prétendu que son grand-père (maire de Vence) l'avait violé. Naturellement, l'affaire aura alors divisé leur famille (IACONO) entre les sceptiques et les convaincus. Toutefois, onze années

---

55) De cette poésie, apprise à l'école primaire, aussi bien le titre que l'auteur m'échappent désormais. Ma recherche à ce propos sera restée vaine.

56) Les adultes ne sont pas davantage prompts à l'aveu. Ainsi cette histoire Cahuzac : « *le chevalier blanc de la lutte contre l'évasion fiscale qui se fait prendre les doigts dans le pot de confiture* » (Félix ROME, Sources profondes, D. 2012. 2881).

57) Thomas GIRAUD, Le chantier de la lutte contre les violences sexuelles est engagé, JA 2022, n°668, p.7.

après l'affirmation calomnieuse, et après une condamnation de cour d'appel, la pseudo-victime (20 ans désormais) sera revenue sur ses accusations. C'est de la sorte qu'en 2015 le grand-père (Christian IACONO) aura enfin été jugé victime d'une erreur judiciaire (58).

44. – Faudrait-il donc accueillir les accusations portées par les enfants avec davantage de circonspection ? L'on peut raisonnablement hésiter. Même si, d'après un auteur (procureur de la République à l'époque), les « *accusations mensongères se dégonflent dès les premières heures d'enquête* », et que « *selon des statistiques policières les cas d'affabulation sont rarissimes et ne représentent qu'environ 2 %* » (59).

45. – Trop souvent, les individus font ou disent des choses « *rien que pour rire* » ; rire de soi-même (autodérision) ou bien d'autrui (moquerie). Mais la victime involontaire d'une telle irritable manigance caressera alors l'idée de réagir ; peut-être nullement de façon pacifique, par une plainte en justice. D'ailleurs s'entendre à l'amiable, lorsque cela n'est pas interdit, est toujours préférable. En effet : « *Un mauvais arrangement vaut mieux qu'un bon procès* » (60).

---

58) https://madelen.ina.fr/content/le-mensonge-tragique-dun-petit-fils-96381?locale=fr ; https://www.france.tv/france-2/affaires-sensibles/5301099-le-mensonge-tragique-d-un-petit-fils.html#about-section.

59) Thierry CRETIN, La preuve impossible ? RSC 1992. 53.

60) Parce que les deux protagonistes auront discuté et seront parvenus à un accord, ils ne repartiront pas fâchés et ennemis. Le second avantage est la discrétion de la solution ; car la justice est rendue en audiences publiques ouvertes à tous ; sauf dans certaines matières comme la justice des mineurs. Autres avantages du règlement amiable du conflit, l'économie des frais de justice d'une part, et d'autre part la rapidité de la solution. En effet, l'on aura évité la juridiction publique surchargée, ainsi que les demandes de délais.

46. – Bref, le statut de l'intéressé pourrait changer, passant de celui de victime à celui d'accusé ou de prévenu d'une infraction. Toutefois, l'invocation bien fondée de l'excuse de provocation lui évitera les rigueurs de la loi pénale dans une large mesure (61). Encore faut-il trouver un intérêt à entreprendre un recours ; sachant que la solution finale appartiendra toujours à un tiers certes indépendant, le juge.

2. – Les enjeux du recours contre le petit calomniateur.

49. – Quand la dénonciation calomnieuse a fait des victimes (certainement situées dans cette marge d'erreur de 2 %) celles-ci bénéficient du droit de poursuivre la partie civile dont les accusations se seront ainsi révélées fausses (62). Les jeunes coupables ne s'en tirent donc pas toujours impunément.

50. – Cela dit, même lorsque (peut-être après des années) les enfants affabulateurs reviennent sur leurs accusations (en vue de dédouaner l'adulte condamné à tort), la victime du mensonge ne s'en relève pas toujours. Car en dépit de l'apparente réhabilitation judiciaire cette personne traînera la douleur de la perte de sa respectabilité, de sa santé et de ses perspectives patrimoniales (63). En pratique d'ailleurs, les médias ne l'auront pas ménagé, préjugeant imprudemment de sa culpabilité.

---

61) Sabrina LAVRIC, Injure à l'audience : immunité judiciaire et excuse de provocation, D.A. 16 avril 2015.

62) Code pénal, article 226-10.

63) Le peuple se répète à l'envie qu'il y a pas de fumée sans feu. L'intéressé souffrira donc toujours d'un soupçon ; sa réputation sera sulfureuse.

51. – Toutefois, la victime avérée du mineur ne songera (avec des chances certaine de succès) qu'à la réparation civile (64). Mieux, une indemnisation lui sera sûrement due par la collectivité. Il suffira à cette victime (adulte ou mineure) de se prévaloir : soit d'un classement sans suite ; soit d'un non-lieu ; soit d'une relaxe ; soit encore d'un acquittement.

52. – Rappelons que l'innocence peut éclater avant, pendant ou après le procès. Quand c'est avant, il y aura eu un classement sans suite du procureur de la République ou un non-lieu du juge d'instruction. Ensuite, quand c'est lors du jugement par le tribunal correctionnel, l'on parlera de relaxe ; mais il s'agira d'un acquittement, de la part d'une cour criminel. Enfin, l'innocence pourrait encore découler d'un rabat de l'arrêt punitif, ou bien d'une révision du procès de condamnation (65).

53. – Au fond, peu importe que la victime n'ait pas subi de détention, serait-ce une détention provisoire. La raison est que cette personne en l'occurrence vilipendée aura quand même souffert d'une infraction (du mineur) ; et pas d'une erreur judiciaire (de la part de l'État). Ici, le problème est toutefois que « *la souffrance psychologique n'est pas indemnisée indépendamment du préjudice strictement corporel* » (66).

---

64) Plus généralement, le recours pénal pour des propos suppose leur qualification en : une dénonciation calomnieuse ; un faux témoignage ; une injure ; une diffamation. Ainsi, « *l'atteinte à la présomption d'innocence n'est pas, en elle-même, une infraction pénale* » (François-Louis Coste, Statut de la parole et présomption d'innocence, AJ pénal 2004. 402).

65) CONSEIL D'ÉTAT, 6 octobre 2008 (n° 309766), Non-lieu et acquittement n'ont pas le même sens face à une contravention de grande voirie, AJDA 2008. 2467

66) Béatrice PENAUD, L'inégalité des victimes devant la Commission d'indemnisation des victimes d'infractions (CIVI), Gaz. Pal. 10 août 2000, p. 2. L'auteur dénonce d'autres incohérences législatives relatives aux

54. – Pire, déplore la CNIL, les autorités judiciaires (les parquetiers) n'avertissent pas vite et systématiquement le service gestionnaire du fichier de traitement des antécédents judiciaires de « *l'ensemble des relaxes, acquittements, non-lieux et classements sans suite* » (67). Or c'est de toute évidence une défaillance administrative pesant défavorablement sur « *la conclusion d'enquêtes administratives préalables à l'exercice d'une profession ou à l'admission à se présenter à un concours de la fonction publique* » (68). Malgré son innocence, la victime perdra donc éventuellement des opportunités professionnelles.

55. – La victime (adulte ou mineure) d'une pénible affabulation pourrait songer à une vengeance, à une rétorsion, à un recours. Mais l'enfant calomniateur échappera probablement à la sanction pénale du fait de l'excuse de minorité et/ou du délai de prescription des poursuites (69). Certes, peut-être son remords, voire son repentir, de même que la réprobation sociale, constitueront-ils l'éternelle sanction de ce jeune menteur (70).

56. – De toute façon, la personne finalement innocentée paraîtra ingrate en répondant par des procès à l'enfant désormais conscient de ses responsabilités envers autrui. Encore qu'une maîtresse de conférences en droit développe un raisonnement

---

biens. Par exemple : « *Comment comprendre qu'un vol de sac puisse être indemnisé par la CIVI alors que la destruction de domicile par incendie volontaire ne le soit pas ?* ».

67) CNIL, Délibération SAN-2024-017 du 17 octobre 2024.

68) Gabriel THIERRY, Pourquoi le fichier de traitement des antécédents judiciaires suscite toujours des critiques, D.A. 13 novembre 2024.

69) Bernard BOULOC, Regard sur la prescription pénale, AJ pénal 2016. 294.

70) « *À l'inverse du remords, le repentir offre la possibilité de guérir sa propre âme. Là où le coupable sujet au remords s'accable du mal, le repentir le combat. C'est en cela qu'il se comporte en juge* » (Laura VIAUT, La croisée des savoirs - L'aveu dans la procédure pénale, Les cahiers de la justice 2021. 151).

différent. D'après elle en effet : « *Mettre en cause pénalement un mineur pour des faits tels que ceux relevant du cas d'espèce - dénonciation mensongère de tentative d'attouchements sexuels - peut sembler démesuré à première vue. Mais ce serait oublier l'essence même du droit pénal des mineurs : rééduquer plutôt que condamner* » (71).

57. – C'est ainsi que, se fondant sur l'article 85 du Code de procédure pénale, la Cour de cassation (chambre criminelle) aura rappelé que « *toute personne qui se prétend lésée par un crime ou un délit commis par un mineur peut, en portant plainte, se constituer partie civile devant le juge d'instruction compétent* » (72).

58. – Dans l'espèce ci-dessus, l'affabulatrice de 13 ans avait bénéficié (à tort) de la magnanimité de la chaîne pénale (procureur de la République, tribunal et cour d'appel). Or, dans les cas de divorces particulièrement conflictuels, l'instrumentalisation de l'enfant sert parfois d'arme fatale contre le conjoint (73). Mais au total, le faible âge du calomniateur apparaît indifférent. Oui, une réplique pénale s'envisage contre le mineur de plus de treize ans. La victime obtiendra dès lors une

---

71) Jocelyne CASTAIGNÈDE, La constitution de partie civile devant le juge d'instruction de la victime d'un mineur, D. 2000. 824.

72) CASS. CRIM., 19 octobre 1999, 98-87.630, Bull. crim., n° 221. En l'espèce, une mineure de 13 ans avait prétendu avoir été victime d'attouchements, avant de se rétracter. La victime de cette dénonciation calomnieuse aura alors porté plainte avec constitution de partie civile. Mais le procureur cru opportun de classer l'affaire. Et la cour d'appel lui aura donné raison. Mais à tort, puisque son arrêt aura été cassé.

73) « *Le fait pour un père de baigner son enfant en touchant son sexe en le lavant est-il un attouchement pédophile incestueux, une violence sexuelle incestueuse, comme on le voit quelquefois invoqué dans des procédures de divorce ?* » (Christine LAZERGES, Politique criminelle et droit de la pédophilie, RSC 2010. 725) ; Mireille LASBATS, Enfants soumis aux conflits de loyauté : séquelles traumatiques, AJ fam. 2016. 381.

réparation civile (des indemnités) et une punition éducative contre ce jeune.

§ 2. – La punition éducative des mineurs

60. – Lorsque deux lois pénales se chevauchent dans le temps, la primauté est donnée à la nouvelle ; du moment qu'elle apparaît plus douce que l'ancienne (74). Pour déterminer cette douceur, il faut se demander si en définitive le coupable échappera (en tout ou en partie) à la peine de privation de liberté ; c'est-à-dire à la réclusion criminelle, ou bien à l'emprisonnement.

61. – Selon cette vision, les procédures et les peines des mineurs sont douces, plus douces, en comparaison de celles applicables aux majeurs (A.). Le jeune est d'abord et surtout considéré comme une victime (passée, présente ou prochaine). Aussi la collectivité préfère-t-elle soumettre le mineur délinquant à l'éducation ou à la rééducation (B.).

A. – La douceur des procédures et peines des mineurs.

63. – La douceur pénale dont bénéficient les jeunes consiste tout d'abord en la minoration des peines qu'ils encourent. Elle prend aussi la forme de procédures plus protectrices tant avant qu'après le prononcé de ces peines.

---

74) Jean-Pierre MARGUÉNAUD, La proclamation européenne du principe de rétroactivité de la loi pénale plus douce, RSC 2010. 234.

1. – La minoration des peines des mineurs délinquants.

64. – Doit-on sévir plus rigoureusement à l'encontre de l'enfant parce qu'il aura trop tôt versé dans la délinquance, ou bien au craindre faut-il estimé que son jeune âge appelle de l'indulgence ? Cette question est celle de la distinction entre « *la précocité envisagée comme caractéristique de la personnalité du sujet et la prise en considération du jeune âge dans l'explication de la conduite de celui-ci ou des réactions qui lui sont opposées* » (75).

65. – Cela dit, penser que le mineur délinquant échappe par principe à toute poursuite pénale constitue une erreur. En effet, il se trouve seulement que, comme dans les commerces, le mineur bénéficie d'un *''demi-tarif''* ; sa peine est minorée. L'idée est que pour l'heure le libre-arbitre lui manquerait ; au moins en partie ; malgré l'atteinte de l'âge de raison par l'infans (76). La loi parle d'acquisition du « *discernement* » (77).

66. – Par comparaison, l'adulte peinera à faire valoir son trouble mental à l'origine d'une altération (sans abolition pour autant) de son discernement (78). Car il aura pu agir lors d'une

---

75) Reynald OTTENHOF, Le concept de précocité en criminologie, RSC 1995. 863.

76) « *Si les critiques doctrinales se sont pour le moment cristallisées autour des conditions de la responsabilité civile de l'infans, elles pourraient aujourd'hui être étendues, dans une autre mesure, à l'enfant discernant* » (Nicolas BONNARDEL, L'intérêt supérieur de l'enfant en droit de la responsabilité civile : une considération en devenir ? D. 2025. 405).

77) Code de la justice pénale des mineurs, article L11-1.

78) « *Source d'abolition du discernement, la folie constitue aujourd'hui une cause d'irresponsabilité pénale. Compatible avec l'obligation de réparation, la folie ne l'est plus avec la sanction, elle appelle le traitement, non le jugement. L'idée n'allait pourtant pas de soi. Historiquement [...]* » (Catherine SEVELY, Réflexions sur l'inhumain et le droit, RSC 2005. 483).

période de lucidité (79). En ce cas, une bataille d'experts opposera en général les partisans de l'enfermement en prison et les adeptes de l'enfermement à l'hôpital (80).

67. – Rappelons que pour les canonistes et les civilistes, « *le dormeur, et plus spécialement le somnambule, devenait responsable si, connaissant son handicap, il n'avait pas pris toutes les précautions nécessaires avant son endormissement. Cette doctrine, fixée dans les années 1310, a exercé une influence directe sur la doctrine pénaliste contemporaine* » (81).

68. – Le recours a priori (devant le Conseil constitutionnel) contre une loi (plus sévère) s'est soldé par un échec. Il était question de l'aggravation de la peine encourue par les parents des mineurs délinquants. Même validation (par cette institution suprême) de la sévérité constituée par le couvre-feu destiné à limiter la déambulation nocturne des jeunes.

69. – Car si leur protection revêt bien une valeur constitutionnelle, la même valeur est aussi reconnue à la préservation de l'ordre public. Or la nécessaire tranquillité des populations souffre des mineurs noctambules (82).

70. – De vraies peines existent contre les mineurs ; même si elles s'élèvent en général à la moitié de celles encourues par les

79) Code pénal, art. 122-1.

80) « *Si la justice hésite encore à traiter de manière entièrement spécifique le risque constitué par la folie du délinquant, la folie constitue, pour la justice pénale, un risque spécifique à plus d'un titre* » (Jean DANET et Claire SAAS, Le fou et sa "dangerosité", un risque spécifique pour la justice pénale, RSC 2007. 779).

81) Nicolas LAURENT-BONNE, Les origines de l'irresponsabilité pénale du somnambule, RSC 2013. 547.

82) Noélie COUDURIER, La justice des mineurs, un totem absolu, JA 2025, n°723, p.7.

majeurs. Une pareille manière de considérer leurs méfaits s'appelle l'excuse de minorité. Toutefois, cette cause d'atténuation de la responsabilité et de la peine peut être écartée pour les infractions perpétrées à 16 ans révolus. Le cas échéant, le mineur subira une rétorsion pénale de droit commun (83).

71. – Il convient pourtant de noter que ces peines d'adultes, elles-mêmes, obéissent à une individualisation, à une personnalisation (84). En effet, la juridiction pénale s'intéresse d'une part au passé de la personne poursuivie ; d'autre part à ses regrets actuels ; et de troisième part à ses chances de réadaptation (d'amélioration). Après tout, la prison vise aussi l'amendement du coupable, en sus de sa mise hors d'état de nuire, ou bien de son placement en situation d'introspection.

72. – Bien sûr, le changement individuel s'envisage d'abord et surtout chez le mineur, plutôt que chez l'adulte, peut-être déjà installé de longue date dans un habitus de violation des lois et règlements. À cet égard, le juge BONJEAN, fondateur de la SOCIÉTÉ (désormais ASSOCIATION) POUR LA PROTECTION DE L'ENFANCE ABANDONNÉE, admettait l'incarcération même longue. Car celui-ci pouvait permettre « *d'assurer à l'enfant le calme, le repos, les soins et les bons traitements* » (85). Une sorte de protection du mineur s'ensuivait.

---

83) Jean-Pierre ROSENCZVEIG, La délinquance des mineurs, D. 2002. 1358.

84) Au 18ème siècle, et à 26 ans seulement, Cesare BECCARIA aura vigoureusement condamné les peines indifférenciés ou l'automaticité des peines. Son célébrissime ouvrage publié en 1764 est intitulé « Des *délits et des peines* ».

85) François TOURET DE COUCY, Enfance délinquante, in Répertoire de droit pénal et de procédure pénale, 2005, n° 4.

2. – La protection du mineur avant et après sa peine.

75. – Le Code de procédure pénale prévoit une détention provisoire pouvant atteindre deux années. Il s'agit en l'occurrence d'une entorse au principe de présomption d'innocence. Mais la mesure s'impose parfois aux juges pour abriter le détenu, ou bien pour protéger des témoins, ou encore pour préserver l'ordre public, etc. (86).

76. – Cette durée biennale est-elle valablement applicable au mineur accusé, c'est-à-dire probable auteur d'un crime ? La réponse du Conseil constitutionnel est négative. Tout au moins si la loi pénale en question (ou une autre loi) ne prévoit point « *de procédure appropriée* » aux mineurs.

77. – En pur droit, une (simple) loi ne saurait valablement naître au mépris de la distinction entre les délinquants majeurs et les délinquants mineurs. C'est une distinction si souvent affirmée par des (simples) lois qu'elle a désormais mué en une exigence constitutionnelle. Il s'agit plus précisément d'un *« principe fondamental reconnu par les lois de la République* » (87).

78. – Le système judiciaire français exige ainsi de prendre du temps pour l'enfant ; il faut éviter la précipitation dans le traitement punitif de son cas (88). Une longue césure s'intercale

---

86) Carole-Anne VAZ-FERNANDEZ, Nullité de la détention provisoire d'un mineur en raison de la présence d'un tiers lors du débat contradictoire, D.A. 8 avril 2025.

87) CONSEIL CONSTITUTIONNEL, 27 juin 2025, Détention provisoire (mineur) : inconstitutionnalité du régime, D. 2025. 1211.

88) L'opinion inverse aura déjà été rapportée en 2007 ; une époque où l'on aura pensé que : « *La réponse pénale devrait s'accélérer sous l'effet d'une nouvelle procédure de présentation immédiate devant la juridiction pour*

alors entre la reconnaissance de la culpabilité et le prononcé de la peine adaptée (89). Le jeune échappe par conséquent à la procédure expéditive du flagrant délit ou de la comparution immédiate (90). La règle (encore rappelée en 2025 par le Conseil constitutionnel) est que juger les infractions des mineurs de façon rapide (de façon expéditive) doit demeurer exceptionnel (91).

79. – En principe, les peines subies en état de récidive sont plus sévères. En l'occurrence, le délinquant aura trop vite commis une nouvelle infraction ; c'est-à-dire avant le délai de décence prévu. Ce délinquant devient dès lors un récidiviste. Mais le comptage ou l'enregistrement des condamnations (déjà subies) suppose une sorte de registre : le casier judiciaire (92).

80. – Par bienveillance pour les jeunes, leurs crimes et délits ne font pas l'objet d'une publicité identique à celle inhérente au casier judiciaire des adultes (93). D'ailleurs, trois ans après la

---

mineur » (Virginie GAUTRON, La fin de la singularité du modèle français de prévention de la délinquance, AJ pénal 2007. 205).

89) Nadia BEDDIAR, La césure du procès pénal des mineurs, AJ pénal 2019. 483.

90) Solène DEBARRE et Charlotte TENENHAUS, Comparution immédiate : fallait-il vraiment rendre applicable aux mineurs ce que le droit pénal des majeurs connaît de pire ? AJ pénal 2025. 219.

91) Charlotte TENENHAUS, Loi sur la justice des mineurs : le Conseil constitutionnel a eu le dernier mot, D.A. 9 juillet 2025

92) Benjamin MONNERY, Irvin NEERUNJUN, Renaud MABIRE-YON et Massil BENBOURICHE, Mesurer la récidive en France : des données nécessaires pour mieux évaluer, AJ pénal 2025. 30.

93) Maryvonne AUTESSERRE, A quoi sert le casier judiciaire des mineurs ? RSC 2003. 309. En 2011, il avait était créé un dossier unique du mineur (délinquant) dans lequel devait être mentionné l'essentiel de sa personnalité ainsi que sa situation familiale et sociale (Loi n° 2011-939 du 10 août 2011, JO du 11, encore dite loi Mercier). Outre le juge des enfants, les éducateurs chargés de l'enfant pouvait y accéder sur habilitation de ce juge, avec obligation du respect du secret professionnel. Cf. aussi Valérie AVENA-ROBARDET, Jugement des mineurs, AJ fam. 2011. 396.

condamnation du mineur, il est procédé à l'effacement de la mention éventuelle de son infraction. Dans ces conditions, lors de la migration vers le casier judiciaire des majeurs le jeune pourrait avoir retrouvé sa virginité pénale (94).

81. – C'est pourquoi il apparaît injuste et illégal de revenir sur les condamnations en question des années après (95). C'est-à-dire qu'aucun média ne saurait légitimement publier des photos ou des films révélant des comportements infractionnels de l'enfance ; cela malgré la liberté de la presse (96). Voilà pourquoi dans une affaire (plutôt caricaturale à l'excès), la juridiction du premier degré aura jugé de la façon qui va suivre.

82. – À savoir que : « *La liberté de création ne peut prévaloir sur le droit dont le demandeur dispose sur son image, dès lors que la photographie litigieuse a été prise alors qu'il était mineur, que l'atteinte portée au droit à l'image pour cette photographie a déjà été sanctionnée judiciairement, que le cliché met en scène le jeune homme dans des circonstances très dépréciatives, à un âge de particulière fragilité et que sa dignité est mise en cause* » (97). Or peut-être le jeune en question s'était-il amendé à la suite de sa rééducation.

---

94) L'effacement devant parfois être sollicitée, dans l'intervalle de son obtention, les projets professionnels du jeune majeur attendront ; tout au moins s'ils exigent un casier judiciaire vierge

95) Code de la justice pénale des mineurs, Titre III Du casier judiciaire et des autres fichiers, Article L631-1 et suivants.

96) Contrairement à ce que l'on s'imagine volontiers, la liberté de la presse (instituée par la loi de juillet 1881) ne concerne pas exclusivement les journalistes. C'est en effet le droit pour chacun de posséder la machine appelée presse, de façon à pouvoir fabriquer des écrits. Ce qui renvoie aujourd'hui à l'imprimante présente dans presque tous les foyers.

97) Selon le TGI de Paris (26 juillet 2013, n° 13/55518. Cette jurisprudence est rapportée par Aurélie BRÉGOU, Les libertés d'information et de création artistique sacrifiées au profit d'un « droit à l'oubli », Légipresse 2013. 684).

B. – La primauté de la rééducation du sauvageon.

85. – Le traitement pénal du mineur délinquant va au-delà de la punition pure et simple, puisqu'une rééducation lui est prescrite. Certes, sa mise en œuvre est compliquée par le coût financier qu'elle représente.

1. – L'élévation intellectuelle et morale par l'éducation.

86. – Longtemps avant l'apparition de l'actuelle économie de la connaissance, l'on disait déjà que le savoir représentait le pouvoir (98). Car il permet d'accomplir moult choses plus ou moins grandioses par soi-même et par personnes interposées (99) ; tout au moins jusqu'à l'éruption de l'I.A., l'intelligence artificielle (100).

87. – En tous cas, depuis plus d'un siècle, mû par un humanisme certain, les pouvoirs publics cherchent à vulgariser l'instruction. C'est en quelque sorte la quête de « *l'homme nouveau* » ; ou bien la redécouverte de « *l'homme bon* ». Un homme (ou une femme) qui (dans son écosystème) respecterait les

---

98) Au moins deux questions s'ensuivent : « *Comment le savoir donne-t-il du pouvoir ?* » et « *Faut-il critiquer le savoir au nom du pouvoir qu'il nous donne ?* » (https://www.radiofrance.fr/franceculture/podcasts/le-pourquoi-du-comment-philo/le-pourquoi-du-comment-philo-chronique-du-mardi-13-decembre-2022-7293244).

99) Frédéric ROUVIÈRE, L'homme et la bête : de l'être au devoir-être ? RTD civ. 2017. 765 ; TRIBUNAL ADMINISTRATIF DE LILLE, 15 avril 2011, Prison : le droit à l'éducation, liberté fondamentale ? AJ pénal 2011. 260

100) « *Le savoir est-il toujours une composante importante du pouvoir et le restera-t-il ?* » (La rencontre des entrepreneurs de France 2025, https://laref.org/2024/08/19/savoir-cest-pouvoir/).

personnes et les biens. Il s'agit-là de la principale finalité de notre école républicaine.

88. – À cet égard, aura dit Victor HUGO, chaque fois que dans le pays s'ouvre une (nouvelle) école, les chances de disparition d'une prison des environs augmentent. Car l'instruction civilise ; elle modère la volonté crapuleuse de s'accaparer les biens d'autrui, ainsi que la volonté de régler ses conflits au moyen de la force brute. En d'autres termes, (il) s'amorce un éloignement de la criminalité par « *l'éducation, par les interdits, par l'accès à la culture* » (101) ; du moins en général (102).

89. – Dans le même esprit, un ancien juge des enfants (devenu psychanalyste d'éducateurs d'enfants) assure qu'il n'y a « *pas de fatalité de la délinquance* ». Car le jeune délinquant serait de nature à réviser et à adoucir ses rapports avec autrui. Mais encore faut-il que « *les professionnels ne confondent pas le symptôme et la raison du symptôme et portent sur chaque jeune délinquant, dans sa singularité, un autre regard, cette fois porteur de vie, plutôt que de mort* » (103).

90. – Cependant les connaissances accumulées sur soi-même ou sur notre environnement matériel et humain n'aboutit pas toujours au changement désirable d'êtres et/ou de choses (104). Cette impuissance personnelle ou collective à peser sur le

---

101) Stéphane PINON, Révolution numérique, « gilets jaunes » et réformes constitutionnelles, Constitutions 2018. 515.

102) En fait, Hugo préférait quand même la prison à la peine de mort : « *Pas de bourreau où la prison suffit* » (Édouard TILLET, Penser la peine, Répertoire de droit pénal et de procédure pénale / Histoire des doctrines pénales, MAJ octobre 2010).

103) Philippe CHAILLOU, Justice en situation - « Morts ou vifs », Les cahiers de la justice 2021. 693.

104) Maxime BARBA, Indice d'insécurité juridique, D. 2025. 1201

réel génère à coup sûr tristesse et/ou colère. On peut dès lors comprendre le choix parfois fait de se complaire dans l'ignorance, ou bien de se mentir. Du reste, « *savoir c'est pouvoir, or le pouvoir est dangereux* » (105). Il présente incontestablement un coût financier.

2. – Un droit à l'éducation malgré son coût budgétaire.

94. – Après la Libération (de la France du joug nazi), le Général de Gaulle s'était retrouvé à la tête d'un Gouvernement réunissant des partis politiques divergents, voire antagonistes. Mais ils auront réussi à adopter des textes en commun, dont le premier aura été l'ordonnance du 2 novembre 1945 sur la délinquance juvénile. C'est un texte consacrant des réflexions déjà en cours depuis des décennies. Sa finalité : instituer un « *droit à l'éducation des enfants délinquants* » (106).

95. – Au fil des décennies, cette ordonnance aura connu bien plus qu'une centaine de modifications d'importance variable. Par exemple, en décembre 2024, l'on aura constaté que : « *Les députés remanient la loi [très récente] remaniant la justice des mineurs* » (107). Ce qui (dans le journal) aura été suivi en juillet

---

105) Maurice LINE, Réflexions sur la disponibilité des connaissances et de l'information en Grande-Bretagne aujourd'hui (https://bbf.enssib.fr/consulter/bbf-1991-04-0268-001).

106) Jean-Pierre ROSENCZVEIG, La délinquance des mineurs, D. 2002. 1358.

107) Pierre JANUEL, Les députés remanient la loi [très récente] remaniant la justice des mineurs, D.A. 3 décembre 2024.

2025 par ce titre : « *Loi sur la justice des mineurs : le Conseil constitutionnel a eu le dernier mot* » (108).

96. – Désormais, il existe un Code de la justice pénale des mineurs. Grâce à ce document réécrivant l'ordonnance, les dispositifs pénaux applicables aux jeunes sont devenus davantage accessibles et intelligibles (109). Cela étant, le juge des enfants (la juridiction spécifique aux enfants) y conserve sa place centrale (110).

97. – En général, les juridictions pénales d'exception sont mal vues. D'où l'abrogation des tribunaux militaires en temps de paix (111). D'où également la disparition suggérée de la Cour de Justice de la République dédiées aux infractions des ministres (112). En revanche, l'idée de tribunaux pour enfants demeure inébranlable.

98. – Dans ces conditions, le juge des enfants continuera de suivre les dossiers des mineurs ; de leur ouverture à leur clôture. Une clôture à la suite de la reprise du « *droit chemin* » par le jeune délinquant ; en particulier grâce à une rééducation (113). En tous

---

108) Charlotte TENENHAUS, préc.

109) Philippe MALAURIE, Les enjeux de la codification, AJDA 1997. 642 ; Dorothée GOETZ, Code de justice pénale des mineurs : quoi de neuf ? D.A. 22 janvier 2021.

110) Philippe DESLOGES, Continuité de l'action du juge des enfants : de l'assistance éducative à la répression, AJ Fam. 2021. 459).

111) Jean-Christophe VIDELIN, L'impossible judiciarisation du champ de bataille validée par le Conseil constitutionnel, AJDA 2020. 171.

112) DOSSIER, Juger les ministres : la Cour de justice de la République en question, AJ pénal 2021. 559.

113) De la part d'autres que le législateur lui-même, cela semblerait « *correspondre à la manipulation mentale ou au lavage de cerveau* » (Cyrille DUVERT, La loi visant à renforcer la lutte contre les dérives sectaires et à améliorer l'accompagnement des victimes, D. 2024. 912).

cas, l'action sur le mineur délinquant va de sa réprimande à son éventuel placement dans une structure plus ou moins fermée, en passant possiblement par la désignation d'éducateurs chargés de le suivre.

99. – Pour conclure avec le propos d'un médiatique et contemporain juge des enfants, « *il faut l'éduquer sans pour autant se priver de le punir en tant que de besoin* » (114). Afin de réussir à tenir ces deux bouts de la chaîne, les adultes devraient toujours se demander pourquoi donc l'enfant se sera en définitive retrouvé sur "*la mauvaise pente*". Dans cet esprit, le juge des enfants explore prioritairement la piste des mesures éducatives avant de se résoudre à emprunter celle de la punition.

100. – Cela étant, la rééducation coûte cher au Trésor public (115). Tout au moins selon une vision à courte vue. C'est-à-dire celle incapable (ou refusant) de prophétiser les difficultés ultérieures alors évitées à l'intéressé et à la collectivité. Car (dans le futur) le jeune adulte devenu responsable et autonome fera économiser à la collectivité la réparation d'éventuels nouveaux méfaits, de même que le versement d'allocations diverses à lui-même.

101. – Alors vient la distinction bien fumeuse entre les dépenses de fonctionnement (toujours fustigées) et les dépenses d'investissement (mieux acceptées) (116). Pourtant, indique une

---

114) Jean-Pierre ROSENCZVEIG, La délinquance des mineurs, D. 2002. 1358.

115) Pierre JANUEL, Gérald Darmanin face aux défis budgétaires de la justice, D.A. 11 juin 2025.

116) « *Les dépenses de fonctionnement sont le plus souvent des dépenses répétitives correspondant à une consommation immédiate et sans incidence sur le patrimoine. Les dépenses d'investissement procurent un bien durable qui entre dans le patrimoine, avec pour effet de le conserver, de le renouveler ou de l'accroître* » (https://www.senat.fr/rap/r00-037/r00-03765.html).

étude, « *les familles mal logées et leurs enfants sont plus souvent malades et mal soignés. En investissant dans le logement pour leur dignité, les pouvoirs publics réaliseront aussi des économies en dépenses de santé* » (117). Mais un logement décent suppose de l'eau courante, de l'électricité, du chauffage, etc. Or ces dépenses sont-elles à faire ou au contraire à exclure des préoccupations politiques ?

102. – S'agissant de la prise en charge des enfants délinquants, il faut d'importants budgets pour s'offrir les murs, les matériels et les personnels indispensables à leur prise en main. Malheureusement, les finances du pays sont exsangues. À ce sujet, l'auteur de « *L'enfance en danger sacrifiée* » observe que : « *Depuis des années, partout en France, les juges des enfants s'alarment de voir leurs décisions de placement de mineurs de plus en plus souvent inexécutées, malgré des tribunes, rapports et commissions parlementaires* » (118).

103. – Pour mieux alimenter la polémique budgétaire, l'on notera que les très mauvais enfants de la République (jeunes délinquants) de même que les très bons (surdoués pour Grandes Écoles) phagocytent l'essentiel les budgets publics. Cet accaparement démunit alors la grande masse des jeunes peut-être trop discrets. Concrètement, ces derniers n'attirent point l'attention par d'agissements déplorables ou bien par une

---

117) Manuel DOMERGUE et Lisa TAOUSSI, Santé publique France, Téléchargements/16771_doc00003376-3.pdf ; https://www.fondationpourlelogement.fr/30e-rapport-sur-letat-du-mal-logement-en-france-2025/.

118) Anaïs COIGNAC, L'enfance en danger sacrifiée, D.A. 11 juillet 2025.

intelligence exceptionnelle (119). Bref, il faudrait « réorienter les moyens de l'Éducation nationale » (120).

104. – Revenons précisément aux jeunes délinquants pour signaler cette fois que dans les centres qui les accueillent, ils bénéficient non seulement de la certitude du vivre et du couvert, mais également de l'assistance de professionnels dédiés. À l'inverse, beaucoup de leurs camarades demeureront exposés au sous-encadrement éducatif ; au mal-logement ; et à la malbouffe (121). Le maintien dans la famille aura peut-être été un choix officiel (122).

105. – En tous cas, soutient le Journal Le Monde : « *Le marché de l'enfance coûte cher et peut rapporter gros ! Et au moins faire vivre des professionnels* » (123). Les enfants délinquants constituent dès lors une source supplémentaire de controverses de la part de rédactions ou de partis politiques ;

---

119) Pascale BERTONI, Le contrôle de l'État sur l'enseignement supérieur, AJDA 2024. 323 ; Jean ROOS, Le projet d'un « service public unifié et laïc de l'éducation nationale » retiré en juillet 1984 : quels (libres) enseignements en tirer ? RFDA 2025. 189 ; https://www.cge.asso.fr/le-cout-des-etudes-en-grande-ecole-et-le-financement-de-lenseignement-superieur-en-france/.

120) Jean-Pierre BALDUYCK et Christine LAZERGES, Réponses à la délinquance des mineurs, RSC 1998. 610.

121) Au fond, « *la malbouffe est-elle l'apanage des zones défavorisées* ? » (https://www.ville-et-banlieue.org/wp-content/uploads/2021/01/Au-fil-des-quartiers-n6-Bien-mang-er-dans-les-quartiers-populaires.pdf).

122) Fanny ROGUE, Le placement éducatif à domicile, de l'innovation à la qualification juridique, D. 2024. 1114.

123) https://www.cge.asso.fr/le-cout-des-etudes-en-grande-ecole-et-le-financement-de-lenseignement-superieur-en-france/.

Section 2. – Les disputes sur la délinquance juvénile

117. – Les sciences exactes ont ceci de reposant qu'une fois qu'une vérité est établie, elle est acceptée dans le monde entier jusqu'à ce qu'une démonstration nouvelle impose un abandon ou une révision. Or, à l'inverse, en sciences humaines et sociales la discussion est permanente et byzantine. Du reste, bien souvent, « *une notion byzantine chasse l'autre* » (124).

118. – Même une décision du Conseil constitutionnel s'expose à la critique, y compris par de parfaits ignorants, alors pourtant qu'elle s'impose à toutes les autorités publiques (125). Certes un professeur de droit a cru pouvoir se demander si le droit n'était pas une science exacte. Car « *quoi de plus exact, à un moment donné, qu'un texte législatif ou réglementaire clair* » (126).

119. – Hélas son optimisme est vain en matière de délinquance juvénile, les controverses y étant légion. On pourrait les subdiviser en deux ; avec d'un côté celles qui concernent les causes de cette délinquance (§ 1) ; et de l'autre côté, les controverses relatives aux meilleures mesures pour l'atténuer ou même pour la faire disparaître (§ 2).

---

124) Émeric JEANSEN, Des avantages individuels acquis au maintien de la rémunération annuelle, une notion byzantine chasse l'autre, JCP S 2016. 1420.

125) Constitution, article 62, alinéa 3 : « *Les décisions du Conseil constitutionnel ne sont susceptibles d'aucun recours. Elles s'imposent aux pouvoirs publics et à toutes les autorités administratives et juridictionnelles* ».

126) Didier GUÉVEL, Le droit : une science exacte (?), D. 2017. 1465.

§ 1. – Les causes discutables de la délinquance juvénile

125. – Pendant l'été 2025, la France aura enduré diverses calamités souvent indépendantes de la volonté de ses enfants (127). Mais, parallèlement, elle aura déploré au moins trois variétés de souffrances cette fois imputables à ceux-ci. À savoir : les balles perdues des vendeurs de drogue ; les tirs des mortiers d'artifice ; les rodéos urbains.

126. – De ces enfants (souvent des adolescents), sans doute doit-on dire qu'ils constituent de la mauvaise graine (128). Certes, pour leur défense, alors peut-être invoqueront-ils de vivre en général dans un terreau propice à la délinquance juvénile (A.). Dans ces conditions, la fin de la période estivale (et donc des vacances scolaires) n'apportera sûrement pas d'accalmie au pays. Car les jeunes en question se livrent volontiers à l'école buissonnière, laquelle ressemble à un engrais facilitateur de la perpétration d'infractions (B.).

A. – Le terreau de la délinquance des jeunes.

127. – Il est difficile de jauger l'âme du jeune délinquant en vue de comprendre sans conteste ce qui l'aura mu. Si certains motifs renvoient à la folie et à l'esprit criminel, d'autres paraissent plus terre à terre.

---

127) Par exemple les incendies de forêts et le feuilleton Trump de l'augmentation des droits de douane.

128) Laurence GARNERIE, Atteintes aux forces de l'ordre, réponse pénale et moyens de la justice, Gaz. Pal. 1 juin 2021, n° 422m0, p. 8.

La délinquance juvénile selon un civiliste.

1. – La folie juvénile et l'esprit criminel de l'humain.

128. – Nul jamais n'entreprend de raisonner un dément ; non, personne n'envisage de lui demander des comptes. Or la science invite à reconnaître que l'adolescence est une période où le cerveau subi des transformations. Et certaines d'entre elles transportent parfois le grand enfant sur les rivages de la folie. Par conséquent, face à l'attitude erratique d'un adolescent, la réaction devrait toujours de garder à l'esprit la probabilité d'une parenthèse démentielle en sa personne.

129. – En fait, aura soutenu un pédopsychiatre dans un média de vulgarisation : « *avec les adolescents, on est toujours dans la brutalité des émotions. Mais il ne faut pas confondre maladie mentale et coup de folie. Ils peuvent avoir un coup de folie sans être fous. Quand on fait l'idiot au volant d'une voiture, est-ce de la folie ? L'adolescence, c'est le moment de la vie où l'on «délire» le plus. On est fou à cet âge pour ne pas l'être plus tard. Tous les ados ont des moments de folie, d'agressivité qu'ils peuvent retourner contre eux ou contre les autres. Par exemple, quand un jeune nous insulte, c'est un moment de folie* » (129).

130. – En présence de débordements puérils, la Droite manifeste presque toujours un furieux ressentiment, tandis qu'au contraire la Gauche exprimera un sentiment de bienveillante relativisation. On lit à cet égard ceci dans un média de travailleurs sociaux : « *Attention à ne pas faire des jeunes nos*

---

129) Marcel RUFO, Adolescence et coups de folie, L'Express 2004, https://www.lexpress.fr/actualite/societe/adolescence-et-coups-de-folie_487981.html). Didier LAURU, « Moments de folie à l'adolescence », dans : Patrick DELAROCHE éd., Peut-on devenir fou ? Toulouse, Érès, « Le Bachelier », 2004, p. 59-69. DOI : 10.3917/eres.delar.2004.01.0059. URL : https://www.cairn.info/---page-59.htm.

ennemis intérieurs, prévient la sociologue Maryse Esterle-Hedibel » (130).

131. – Un auteur ose même souligner que « *l'infraction est subie* » ; après s'être posé la question de savoir s'il est « *réellement possible d'expliquer le passage à l'acte infractionnel* » (131). Il s'agit-là d'une relativisation parfois désespérante et/ou inquiétante.

132. – Certes, l'acceptation fataliste des méfaits juvéniles vient de la conscience que tout enfant renfermerait les germes de la violence ; et d'ailleurs toute société humaine aussi (132). À cet égard, pour Émile DURKHEIM : « Le *crime est normal, parce qu'une société qui en serait exempte est tout à fait impossible* » (133).

133. – D'ailleurs une institution pourtant peuplée de technocrates raisonnables tient un discours proche de celui de ce père de la sociologie (134). En effet, pour celle-ci comme pour

---

130) https://www.ash.tm.fr/magazine/2098/les-acteurs/jeunes-et-violences-il-faut-relativiser-389614.php#.

131) Julien FAIDHERBE, La rationalité pénale à l'épreuve des violences, GPL 3 oct. 2023, n° GPL454d1. Selon lui : *« Il s'agit d'une situation de non-choix. Particulièrement confronté aux violences volontaires, le maintien d'une pensée juste et rationnelle est bien souvent malmené. La société française est dotée d'un système répressif qui favorise la prise en compte des facteurs endogènes et exogènes de l'individu. Cette action inclusive permet à la rationalité pénale de s'accomplir plus justement »*.

132) Sans doute admettent-ils la sanction dans certains cas. Mais, timidement ; car ils craignent que celle-ci se révèle finalement contreproductive. Cf. Catherine SEVELY, Réflexions sur l'inhumain et le droit, RSC 2005. 483.

133) Émile DURKHEIM, Le crime, phénomène normal, 1894. Plus haut (n° 25), nous avons vu que John LOCKE expliquait par le besoin de découverte l'éventration de ses poupées ou d'animaux par l'enfant.

134) La rapport de la Cour des comptes sur les polices municipales d'octobre 2020 s'inquiète du gouffre financier constitué par les dispositifs de vidéo protection, « *dont rien ne démontre que leur déploiement a permis de faire baisser les taux de délinquance ou d'augmenter les taux d'élucidation* ».

celui-là, malgré sa tête d'angelot, un enfant incarnerait un potentiel de méchanceté.

134. – Hélas, les choses ne s'arrangent pas forcément avec le temps. Dès lors, est-il soutenu : « *Donner toujours plus de moyens aux policiers, à l'autorité judiciaire pour surveiller ne va pas faire disparaître la délinquance, la criminalité n'a disparu d'aucune société, à aucun moment de l'histoire* » (135). Surtout si l'on ne s'attaque pas à certains facteurs liés à la pauvreté, à la santé, etc.

2. – La précarité socioéconomique et psychanalytique.

140. – La délinquance des enfants est aussi expliquée au moyen de notions psychanalytiques. Celles-ci édifieront ou fâcheront sans doute le lecteur (136). Car il semblerait que « *les jeunes délinquants, en raison des ruptures symboliques subies par leurs parents ou même par les générations d'avant, ont fait l'objet d'un vœu de mort inconscient de la part de leurs géniteurs. Ainsi, inconsciemment et n'en voulant rien savoir, le jeune délinquant s'adresse, par ses actes délinquants symptomatiques, à la justice comme un fils mort pour assurer la vengeance de ce désir de mort de ses parents, pour se faire rendre justice d'une injustice originaire dont il a été l'objet* » (137).

---

135) Florence CREUX-THOMAS, Sécurité globale, de quel droit ? La Semaine Juridique Edition Générale n° 13, 29 mars 2021, 344.

136) Philippe CHAILLOU, Justice en situation - « Morts ou vifs », Les cahiers de la justice 2021. 693).

137) Idem.

141. – L'auteur de l'argumentaire ci-dessus conclut alors que : « *si la société et son surmoi social ne veulent rien savoir non plus de ce processus inconscient, le résultat en est catastrophique, car le passage à l'acte est si inconsciemment justicier que son jugement et la condamnation qui s'ensuivent n'apportent encore que plus d'eau au moulin du sentiment inconscient d'injustice de son auteur* » (138).

142. – Mais peut-être le lecteur préférera-t-il l'appel à des facteurs cognitifs comme justifications factuels du crime, ou de la criminalité. Effectivement, « *les résultats de différentes études suggèrent que les enfants ou les adolescents passant à l'acte présentent souvent des problèmes de colères, peu d'empathie, peu de self-control et un quotient intellectuel peu élevé. Un mineur présentant ces caractéristiques peut ne pas avoir conscience des conséquences de ses actes, même lorsqu'il commet un acte aussi grave qu'un homicide* » (139).

143. – Le discours psychanalytique précédent imputait le passage à l'acte à la famille qui en serait la cause ; souvent à son corps défendant (donc involontairement, inconsciemment). Néanmoins, il lui appartient de sortir sa progéniture de l'éventuel état de sauvageon grâce à l'éducation et à la socialisation. Mieux, la loi désigne « *les père et mère* » comme devant répondre des dommages causés aux tiers par leurs rejetons (140).

144. – Toutefois, et de manière exceptionnelle, d'autres personnes (publiques ou privées) peuvent devoir assumer

---

138) Ibidem.

139) Aurélien LANGLADE, Keltoume LARCHET et Sahana RATTINAM, Les homicides commis par des mineurs : cadres explicatifs et enjeux criminologiques, AJ pénal 2025. 224.

140) C'est l'une des variétés de responsabilités du fait d'autrui, ici plus précisément responsabilité parentale. Elle est prévue depuis 1804 par le Code civil ; désormais à son article 1242.

civilement les méfaits de l'enfant qui leur aura été confié (141). Par exemple, « *l'autorité municipale vient subroger des parents démissionnaires qui "ont perdu l'autorité sur leurs enfants" et sont incapables d'assurer leur sécurité au nom de leur devoir de garde, de surveillance et d'éducation* » (142).

145. – En vérité, L'État lui-même a mis en place (et confié aux Départements) l'ASE, l'Aide sociale à l'Enfance, laquelle est une institution bien connue, mais diversement appréciée (143). Toutefois, il y aurait « *un manque d'implication chronique de l'État et un engagement très variable des départements conduisant à des inégalités de chances très significatives* » (144).

146. – En général, les sociologues préfèrent la dénomination de déviant à celle de délinquant, laquelle apparait juridiquement connotée (145). Dans les deux cas toutefois, il est question d'un jeune au mieux perturbateur de la vie collective (à l'école et/ou en ville). Il se comporterait de la sorte du fait de la défaillance de la famille en matière de socialisation de sa progéniture.

147. – Par conséquent, a-t-on pu penser, cet enfant « *transporte avec lui toute la précarité et l'instabilité du monde*

---

141) Claire NEIRINCK, Enfance, in Répertoire de droit civil, octobre 2016, n° 913.

142) Gilles ARMAND, Le couvre-feu imposé aux mineurs : une conception nouvelle de la sécurité, AJDA 2002. 351.

143) Manuela BRILLAT, La protection du mineur placé : la France est condamnée par la CEDH, D.A. 14 novembre 2022.

144) Emmanuelle MAUPIN, La protection de l'enfance laissée à l'abandon, AJDA 2025. 688.

145) La synonymie se retrouve quasiment dans cette phrase proclament que : « *Une entreprise dont le nom est associé directement ou indirectement à un comportement déviant ou délinquant risque de perdre des parts de marché* » (Gabrielle RABANY, Travail dissimulé, D. 2000. 92).

social environnant. Il est, selon le mot d'un ministre de l'Intérieur néo-républicain en 1998, un "sauvageon", qu'il convient de confronter au plus vite aux exigences de la civilité républicaine et nationale » (146). Autrement dit, les termes sauvageons, jeunes, barbares ou ensauvagement se rapportent à un manque « *d'intégration des dispositions physiques requises pour faire partie de la société, traduisant la persistance d'un état primitif ou instinctif* » (147).

148. – Est-il bien fondé d'ainsi prétendre que les jeunes ne sont pas socialisés ? La réponse négative ne fait pas de doute. Car tout enfant appartient à plusieurs sociétés et à divers cercles, lesquels présentent parfois des intersections entre eux. Or quand l'adolescent évolue au sein de son groupe de foot (ou de rollers, ou de hip hop, etc.) il en adopte les codes et les attitudes. Dans ces conditions, puisqu'il maîtrise le savoir-faire et le savoir-être des membres standards du groupe en question, son intégration dans celui-ci saute aux yeux.

149. – Concédons toutefois que cette socialisation-là compte peu ; parce que trop éloignée des canons définis par les prescripteurs institutionnels (148). D'autant plus qu'il conviendra quelquefois de déplorer « *la dynamique groupale soulignée par des études sur la criminalité juvénile qui soulignent la dimension intégratrice associée à la commission de certaines infractions* »

---

146) Bertrand GEAY, « Du « cancre » au « sauvageon ». Les conditions institutionnelles de diffusion des politiques d'« insertion » et de « tolérance zéro » », Actes de la recherche en sciences sociales, 2003/4, n° 149.

147) Étienne DOUAT, La construction de l'absentéisme scolaire comme problème de sécurité intérieure dans la France des années 1990-2000, Médecine & Hygiène | « Déviance et Société », 2007/2 Vol. 31 | pages 149 à 171, https://www.cairn.info/revue-deviance-et-societe-2007-2-page-149.htm.

148) Étienne DOUAT, L'absentéisme scolaire : une étude sociologique, Th. sociologie, Paris 5, 2005.

(149). Il vaut mieux s'assimiler aux meilleurs groupes possibles. En principe l'école en offre aux jeunes soucieux de la fréquenter assidûment.

B. – L'absentéisme scolaire comme engrais des forfaits.

153. – Pour commettre des infractions, les jeunes délinquants ont besoin de disposer de temps libre. Ils s'en offrent en s'absentant de l'école. L'on se demande pourquoi donc choisissent-ils l'absentéisme. Sans compter que celui-ci pourrait ne pas conduire à la délinquance.

1. – La pluralité de motifs de l'absentéisme scolaire.

154. – Originellement, les autorités publiques redoutaient la déscolarisation parce que nuisant aux chances d'insertion professionnelle des déserteurs de salles de classe (150). Or l'on « se *préoccupe de plus en plus aujourd'hui de l'absentéisme essentiellement au nom de son lien réel ou supposé avec la délinquance ou les « incivilités »* » (151).

---

149) Aurélien LANGLADE, Keltoume LARCHET et Sahana RATTINAM, Les homicides commis par des mineurs : cadres explicatifs et enjeux criminologiques, AJ pénal 2025. 224.

150) Clotaire MOULOUNGUI, L'absentéisme dans les formations, préf. Catherine COUTURIER, Didactijuris, 2025.

151) Étienne DOUAT, La construction de l'absentéisme scolaire comme problème de sécurité intérieure dans la France des années 1990-2000, Médecine & Hygiène | « Déviance et Société », 2007/2 Vol. 31 | pages 149 à 171, https://www.cairn.info/revue-deviance-et-societe-2007-2-page-149.htm.

155. – L'une des preuves de cette affirmation est la proclamation gouvernementale selon laquelle : « *l'École ne laissera plus aucun élève courir le risque de la déscolarisation, prélude à la désocialisation et, parfois même, à la délinquance* » (152).

156. – Le Parlement, lui aussi, établit un lien entre l'absentéisme scolaire et le banditisme. De sorte que la loi relative à la prévention de la délinquance ouvre aux maires la faculté de recommander un accompagnement parental aux représentants légaux des mineurs à cause desquels « *l'ordre, la sécurité ou la tranquillité publics sont menacés à raison du défaut de surveillance ou d'assiduité scolaire* » (153).

157. – Mais pourquoi donc ces jeunes sèchent-ils les cours, et ensuite se livrent à des larcins ? Il semblerait que la pauvreté de la famille influe fortement dans une pareille substitution d'activités. De plus, la pauvreté économique chemine de concert avec la pauvreté intellectuelle (154). L'une et l'autre s'influencent ; surtout pour le pire. Il est néanmoins précisé que :

---

152) Circulaire interministérielle n° 2014-159 du 24 décembre 2014 relative à la prévention de l'absentéisme scolaire, BOEN n° 1, 1er janv. 2015.

153) Code de l'action sociale et des familles, art. L141-2. Issu de la loi n° 2007-297 du 5 mars 2007 relative à la prévention de la délinquance, art. 9. Puis, si nécessaire, le président du conseil départemental devait reprendre le dossier de la famille récalcitrante en vue d'une « *mesure d'accompagnement en économie sociale et familiale* ». Une immixtion assumée dans l'usage des revenus peut-être exclusivement publics de cette famille.

154) https://www.lorientlejour.com/article/1018085/et-si-la-veritable-pauvrete-etait-la-misere-intellectuelle-.html.

« *la culture a un impact sur la pauvreté ; mais pas à cause d'une culture de la pauvreté* » (155).

158. – L'absentéisme scolaire repose par ailleurs sur l'inutilité apparente de l'école (156). Mieux, à croire une revue de lecture (d'une enseignante-chercheure), les absentéistes sont souvent les cadets de fratries dont les aînés relèvent de la malheureuse catégorie des diplômés chômeurs (157). Ces cadets doutent conséquemment de l'intérêt de fréquenter avec assiduité les bancs des lycées et collèges.

159. – Ainsi que l'ont écrit deux députés, dont une professeure des universités, « *l'absentéisme, qui est le fait de mineurs ne trouvant pas leur place dans l'institution* » (158). Dans ces conditions, et faute de sources honnêtes et consistantes de revenus, ils optent pour la petite délinquance ; tout au moins pour commencer.

160. – Ainsi, dans les quartiers populaires, le découragement scolaire et l'abandon des études relèvent de l'ordre des choses. Apparemment, les élèves de ces milieux-là souffrent d'un déterminisme social les rendant moins efficaces dans les

---

155) Michael WALTON, La culture a un impact sur la pauvreté ; mais pas à cause d'une culture de la pauvreté, https://shs.cairn.info/revue-afrique-contemporaine1-2008-2-page-133?lang=fr.

156) https://www.maxpiccinini.com/pourquoi-lecole-ne-sert-plus-a-rien-5-raisons/

157) Maryse ESTERLE-HEDIBEL, absentéisme, déscolarisation, décrochage scolaire, les apports des recherches récentes, Médecine & Hygiène, Déviance et Société », 2006/1 Vol. 30, pages 41 à 65, https://www.cairn.info/revue-deviance-et-societe-2006-1-page-41.htm).

158) Jean-Pierre BALDUYCK et Christine LAZERGES, Réponses à la délinquance des mineurs, RSC 1998. 610.

apprentissages que les jeunes des catégories sociales aisées (159). C'est une constatation également faite en Espagne (160).

161. – En outre, être basané prédispose selon toute apparence à l'échec scolaire et, sûrement, à subir la discrimination. En clair, « *tout se passe comme si chez les étudiants d'origine populaire, c'étaient les enfants d'immigrés originaires du Maghreb ou d'Afrique, dont les parents sont deux fois plus souvent ouvriers non qualifiés ou sans profession que la moyenne, et quasiment jamais cadres ou professions intermédiaires, qui étaient les moins assidus et présents à l'examen* » (161).

162. – Heureusement que les enseignants se mobilisent contre les stéréotypes, et (ils) se montrent partisans du progrès au moyen du mérite républicain (162). Pour leur part, les journalistes et les personnalités politiques de droite vont au-delà de la constatation d'un lien (presque de causalité) entre l'absentéisme scolaire et la délinquance juvénile. Ils rajoutent parfois l'existence d'une influence intrinsèque et délétère des quartiers populaires.

---

159) DUBET, DURU-BELLAT, 2000, préc. 104-105).

160) Garcia GRÀCIA, 2003, 11 ; cité par Maryse ESTERLE-HEDIBEL, absentéisme, déscolarisation, décrochage scolaire, les apports des recherches récentes, Médecine & Hygiène, Déviance et Société », 2006/1 Vol. 30, pages 41 à 65, https://www.cairn.info/revue-deviance-et-societe-2006-1-page-41.htm.

161) Charles SOULIÉ, L'adaptation aux "nouveaux publics" de l'enseignement supérieur : auto-analyse d'une pratique d'enseignement magistral en sociologie, Presses de Sciences Po (P.F.N.S.P.) | « Sociétés contemporaines », 2002/4 no 48 | pages 11 à 39, https://www.cairn.info/revue-societes-contemporaines-2002-4-page-11.htm).

162) « *D'une manière générale, le concours d'agrégation [des facultés de droit] constitue un bel exemple des concours à la française, illustration du mérite républicain, qui doit absolument être conservé... voire étendu à d'autres disciplines !* » (Rémy CABRILLAC, Retour sur le concours d'agrégation de droit privé et sciences criminelles, D. 2024. 1456).

163. – Là-bas, les parents seraient trop souvent défaillants, c'est-à-dire « *volontairement démissionnaires* » (163) ; tautologie bien sûr (164). L'idée est que (livrés à eux-mêmes) leurs enfants rechigneraient alors, sans crainte, à aller se soumettre aux (difficultés des) apprentissages scolaires. À croire précisément un trio d'auteurs, « *une personne qui naît dans une famille pauvre, habitant un quartier défavorisé, aura plus de risque d'avoir un contrôle social formel et informel moins développé pouvant favoriser le comportement criminel* » (165).

164. – Voilà pourquoi les « *internats d'excellence* » que Nicolas SARKOZY avait autrefois fait miroiter auraient pu aider nombre de jeunes désireux d'étudier et de s'extraire de leur apparente destinée (166). C'est du reste contre une pareille assignation (identitaire, géographique, culturelle, etc.) que le président Emmanuel MACRON a toujours prétendu lutter en renforçant l'égalité des chances (167). Justement, encore faut-il que les intéressés veuillent bien saisir leur chance (168). Dans ce cadre, l'absentéisme est un coup porté à soi-même.

---

163) Judith ROCHFELD, Contrat de responsabilité parentale, RTD civ. 2006. 395).

164) Puisqu'une démission (une renonciation) forcée serait plutôt une extorsion.

165) Aurélien LANGLADE, Keltoume LARCHET et Sahana RATTINAM, Les homicides commis par des mineurs : cadres explicatifs et enjeux criminologiques, AJ pénal 2025. 224.

166) Séverine BRONDEL, Mesures annoncées pour une égalité réelle, AJDA 2008. 2371.

167) Cour administrative d'appel de Lyon, 17 juin 2021, Le contrôle de l'assignation à résidence peut inclure des enfants mineurs, AJDA 2021. 2498.

168) https://www.lemonde.fr/politique/article/2021/01/15/macron-veut-relancer-l-egalite-des-chances_6066399_823448.html. Voir auparavant la loi « Macron » n° 2015-990 du 6 août 2015 pour la croissance, l'activité et l'égalité des chances économiques.

2. – L'effet de l'absentéisme sur l'oisiveté et la pauvreté.

170. – Peut-on attendre du bon de la part d'enfants qui désertent les bancs de l'école pour des endroits où ils ne devraient pas se trouver ? Poser cette question (désespérée ou désespérante) revient nécessairement à confesser un préconçu sur la réponse attendue. Laquelle soupçonne de tels enfants de manquer d'éducation de base. Une éducation qu'ils ne sauraient rattraper en squattant des halls d'immeubles, ou bien en fréquentant des terrains vagues, ou encore en déambulant dans les rues et places (169). C'est ainsi que la pratique de l'école buissonnière présagerait la naissance du sauvageon, de même que son engagement dans la voie délictueuse.

171. – En tous cas, l'absentéisme offre de nombreuses perspectives d'amusement. De plus, des gains adviennent aux intéressés grâce à de menus larcins ou à des trafics davantage criminels. Cette vision amalgamée de la pauvreté, de l'absentéisme et de la délinquance est dite *''réactionnaire"*; ce serait un *''snobisme de classe*" (170). Précisément, l'absentéisme des enfants des beaux quartiers n'est presque jamais stigmatisé par les médias.

172. – À croire la majorité parlementaire du président Nicolas Sarkozy, l'absentéisme devait être regardé comme *"un fléau social"* appelant « *des mesures de protection collective* » de

---

169) https://www.resovilles.com/retour-sur-la-penalisation-des-attroupements-dans-les-parties-commune-afd/ ; https://rmc.bfmtv.com/actualites/societe/c-est-un-enfer-ils-passent-leurs-nuits-dans-leur-hall-d-immeuble-pour-eviter-d-etre-squattes_AV-202302090267.html.

170) https://www.questionsdeclasses.org/conscience-de-classe-vs-colere/

nature à résorber l'insécurité et la délinquance (171). C'est une différence par rapport à une époque où l'élève absentéiste constituait une victime à protéger (172).

173. – L'élève absentéiste et, plus encore, l'élève déscolarisé s'ennuie ; probablement par manque d'activité dans sa journée. Il se retrouve donc en situation d'oisiveté. Or, avait soutenu un auteur d'autrefois (sans doute partisan de l'intégration sociale) : « *L'oisiveté est la mère de tous les vices* » (173). Par conséquent, la personne qui se jetterait à corps perdu dans le travail (au point peut-être de s'abrutir) oublierait temporairement ses soucis divers de même que ses fantasmes délictueux.

174. – Des recherches (beaucoup plus récentes) ont conclu que le taux de délinquance diminuerait de moitié pour les décrocheurs scolaires qui se raccrochent à un travail rémunéré (174). Dans ces conditions, un reflux de la délinquance des jeunes devrait découler du succès actuel de l'apprentissage (175).

---

171) André LEGRAND, La sanction de l'absentéisme scolaire, La Semaine Juridique Administrations et Collectivités territoriales n° 39-40, 27 septembre 2010, act. 686.

172) Il s'agit alors dorénavant « *de mieux les repérer et de les surveiller* » (Julie COURONNÉ, Le traitement des manquements à l'obligation scolaire : enjeux et recompositions entre Éducation nationale et Protection de l'enfance, Th. Sociologie, Paris CNAM, 2015).

173) C'est Alexandre DUMAS (fils). Son père, Thomas Alexandre Davy de La Pailleterie, dit le général Dumas, fut le premier mulâtre à devenir général de l'armée française. Mais il aura ensuite souffert (beaucoup plus que d'autres) de l'épuration que l'armée a connue sous le Consulat. Il mourut ruiné. Curieusement, son richissime fils ne se révéla nullement très économe…

174) PRONOVOST, LEBLANC, in JANOSZ et LE BLANC, 1996, 65.

175) Sébastien BOTERDAEL, Le cadre juridique de l'apprentissage depuis 2018 : désentraver, libéraliser, réguler, Droit social 2025. 307.

175. – Les enfants des classes supérieures, lesquels habitent les beaux quartiers, échappent-ils pour autant à la tentation de l'absentéisme ? Aucune réponse scientifiquement étayée n'existe ; parce que l'absentéisme scruté par les chercheurs est plutôt celui des zones d'éducation prioritaire (176).

176. – Ce manque d'enquête s'explique peut-être aussi par l'impression de petitesse de l'échantillon utilisable. De plus, les jeunes bourgeois ne vivent pas sans argent dans de petits logements surpeuplés. Même si « *naître avec une cuillère en argent dans la bouche ne signifiera plus que l'on pourra la garder* » (177). Il n'empêche qu'aux rues et places, ces absentéistes-là préféreront leurs piscines privées, leurs courts de tennis, leurs home-cinéma, etc.

177. – À supposer qu'ils en sortent (pour des lieux publics), ce sera pour des sites et des occupations inaccessibles aux pauvres ; parce que payants (restaurants, pubs, cafés, cinémas, etc.). L'idée est que ces jeunes-là aussi se causent personnellement du tort en boudant l'école. Toutefois, eux au moins ne troublent pas l'ordre public (178).

178. – Le temps libre procuré par l'échec scolaire et l'abandon consécutif des études préoccupent les services sociaux et les forces de l'ordre. Celui des adultes défavorisés suscite également l'inquiétude. Car, pense-t-on, les pauvres s'adonneront (en public) à des beuveries, à des outrances, voire à de plus graves

---

176) Idem.

177) Jérémy HOUSSIER et Valérie AVENA-ROBARDET, Le privilège des derniers nés, AJ fam. 2018. 135.

178) Le lecteur rétorquera à juste titre que les forces de l'ordre (les CRS et les gendarmes mobiles) se retrouvent bien souvent aux prises avec des jeunes prétendument intégrés que l'on accuse d'appartenir à l'extrême-gauche. Cf. Olivier LE BOT, Loi anti-casseurs : censure des interdictions administratives de manifester, Constitutions 2019. 241.

agissements réprouvés par le droit pénal (179). Au contraire, les riches (eux) iront en villégiature pour profiter du temps libéré.

§ 2. – La fermeté voulue contre les mineurs

182. – « *La jeunesse fait peur par son caractère déviant et la nature des réponses à lui apporter fait polémique : la répression s'oppose à l'éducation* » (180). L'auteur de cette phrase l'a écrite dans un article où il se demande si la réparation pénale ne serait pas une nouvelle utopie. D'ailleurs, peut-être doit-on y inclure la fermeté recherchée notamment dans la tolérance zéro et dans l'encadrement militaire des jeunes déviants (A.). Mais de pareilles mesures apparemment anti-jeunes déplaisent à la Gauche. Elle les démonte alors à l'envie (B.).

A. – La tolérance zéro et l'encadrement militaire

183. – La fermeté recherchée contre les mineurs délinquants conduit à négliger dorénavant la rééducation de ces derniers. La sévérité des autorités prend alors diverses formes, dont l'amende, le couvre-feu et l'apprentissage.

---

179) Nicolas BAVEREZ, cité Étienne DOUAT, La construction de l'absentéisme scolaire comme problème de sécurité intérieure dans la France des années 1990-2000, Médecine & Hygiène | « Déviance et Société », 2007/2 Vol. 31 | pages 149 à 171, https://www.cairn.info/revue-deviance-et-societe-2007-2-page-149.htm.

180) Jeanne CLAVEL, La réparation pénale : une nouvelle utopie ? AJ pénal 2012. 326.

1. – Le recul de la rééducation au profit de la fermeté.

184. – Il convient d'emblée de reconnaître que Jules FERRY et ses divers successeurs n'ont certainement jamais osé espérer nos actuels taux (si élevés) de scolarisation et de réussite au bac. Il se trouve que l'instruction (l'éducation) parvient à son apogée en France. Et pourtant la délinquance juvénile subsiste. Dans ces conditions, songer à une philosophie de rechange (à cette l'école civilisatrice ou pacificatrice) ne se comprendrait-il pas ? Peut-être la nouvelle prise en charge des jeunes délinquants se révèlerait-elle plus efficace que l'éducation et la rééducation aujourd'hui prônées.

185. – De fait, le personnel politique (surtout dans l'opposition) dénonce la quantité (massive) et la gravité (effrayante) des infractions des jeunes. Dans la foulée, ces politiciens fustigent tout autant le (prétendu) laxisme des magistrats (181). Quelques uns d'entre eux donnent même à la justice pénale le sobriquet de "*porte tournante*" ; vu que les prévenus y entreraient pour aussitôt en ressortir, après un tour de la porte sur elle-même.

186. – Au fond, à partir de quand les autorités publiques devraient-elles prendre les mesures abortives de la délinquance des enfants ? Réponse : le plus tôt possible. À cet égard, le Président Nicolas SARKOZY avait choqué en suggérant d'identifier les ferments de la délinquance dès les classes maternelles. Après tout, la croyance populaire et le cinéma hollywoodien parle bien de tueurs nés (182).

---

181) Christian GUÉRY, Une détention provisoire exceptionnelle... mais souhaitable, AJ pénal 2004. 238.

182) https://explicationdefilm.com/2023/12/28/tueurs-nes/

La délinquance juvénile selon un civiliste.

187. – Cette personnalité était convaincue de « *la nécessité de renforcer le travail local de repérage des populations et comportements «à risques» au niveau de l'institution scolaire* » (183). En réponse, l'on s'en sera ému ; ou bien l'on aura moqué une semblable volonté « *de détecter dès la plus tendre enfance les signes annonciateurs de la sauvagerie* » (184). Mais, encore une fois, jusqu'à quand attendre nonchalamment la survenue de la déviance des mineurs...

188. – Au début du siècle, la Revue administrative avait dénoncé « *l'indifférence générale* » à l'égard de la « *déscolarisation rampante* » des mineurs (à Paris et en province). Compte tenu d'une telle tolérance coupable comment donc s'étonner de la prolifération de la délinquance des intéressés. Effectivement : « *on forme des bandes, on aide des trafics organisés (le jeune de 12 ans fait le guet pour des dealers, et est payé pour faire le guet), on prend part à des trafics de drogue, à des vols de voitures, à des violences organisées (rackets), à des vols de commerçants, à des cambriolages* » (185). Or, était-il rajouté, l'État dispose de moyens pour obtenir le respect de l'obligation scolaire.

189. – Selon le criminologue américain George KELLING, un immeuble vandalisé attirera bientôt de nouveaux vandales. Oui, si une première vitre a été fracassée, les autres subiront bientôt le même sort. C'est la théorie de la vitre brisée (186). Dans ces

---

183) https://www.nouvelobs.com/societe/20081201.OBS3496/quand-sarkozy-voulait-detecter-les-troubles-du-comportement-chez-l-enfant.html.

184) Félix ROME, « Alertez les bébés ! », D. 2008. 2993 ; Catherine MÉNABÉ, Vers une théorie générale de la criminologie préventive, Répertoire de droit pénal et de procédure pénale/ Criminologie, octobre 2019.

185) J. C. Affaires sociales : Un problème d'avenir : l'absentéisme scolaire, La Revue administrative, 55e Année, n° 328 (juillet-août 2002), pp. 400-402, Presses Universitaires de France, https://www.jstor.org/stable/40774834.

186) Il préexiste la même théorie en économie, laquelle a été inventée par Frédéric BASTIAT. Son idée étant que des acteurs économiques

conditions, afin de parvenir à obvier le risque de propagation, l'on devrait s'empresser de remplacer le carreau dès constatation de son bris.

190. – Une précaution similaire semble manifestement compréhensible en matière de lutte contre la délinquance juvénile. C'est-à-dire qu'à la moindre incivilité (comme l'on dit pudiquement), la réplique devrait être l'oxymore « *tolérance zéro* ». Au fond, depuis des siècles, les fabulistes (notamment Ésope puis Jean de LA FONTAINE) enseignent que : « *Qui vole un œuf vole(ra) un bœuf* ». Dès lors, vite réagir contre l'auteur lui évitera de s'installer dans la délinquance. En effet, il prendrait position sur la pente d'un toboggan criminogène le faisant glisser des contraventions aux délits, puis aux crimes.

191. – En résumé, est-il dit : « *le principe de tolérance zéro doit être appliqué à tous les faits, mêmes mineurs, qui non seulement dérangent les « honnêtes gens » mais aussi donnent la conviction aux délinquants qu'ils ne seront pas inquiétés* » (187).

192. – Pour convaincre de l'adéquation de ce principe (de réaction systématique aux déviances), les gens de Droite renvoie inlassablement à un maire de New York (Rudy GIULIANI). Il aura en effet appliqué la « *tolérance zéro* » dans l'espoir de rendre beaucoup plus vivable l'ancienne « *Nouvelle-Angoulême* » (188).

---

interviendront et s'enrichiront à l'occasion du remplacement de la vitre brisée : le fabriquant, le transporteur, l'installateur.

187) France PARAMELLE, La lutte contre le crime à New-York, Rudolph Giuliani : un homme, une volonté, L'Harmattan, 2009 ; Oona AH-THION, La lutte contre le crime à New-York (présentation du livre), RSC 2009. 1003.

188) La Grosse Pomme s'est successivement dénommée : Nouvelle-Angoulême ; New Amsterdam ; puis New York.

193. – Encore que lui-même aura parfois violé la loi ; ne serait-ce que par la diffamation d'agents d'un bureau électoral (189). Avant de s'émouvoir ou de s'en s'offusquer, notons que si notre propre vie était passée au crible (par des enquêteurs judiciaires) des infractions enfouies émergeraient sûrement. D'ailleurs, comme disait un célébrissime prophète : « *Que celui qui n'a jamais pêché jette la première pierre* ».

194. – En tous cas, les gouvernements (de Droite) ont de plus en plus donné le primat à la sanction et, par conséquent, négligé la rééducation. Concernant l'absentéisme scolaire, l'intérêt de l'enfant aura alors cessé de constituer la préoccupation fondamentale (190). Pourtant la punition infligée à l'enfant devrait toujours s'accompagner d'une leçon de morale. C'est une sorte de « *en même temps* ». Or cette position duale et conciliatrice pâtit souvent de quolibets ; même à l'égard d'œuvres de fiction (191).

195. – L'homme de la rue considère que la justice devrait toujours sanctionner vite et fort ; de façon à faire passer aux

---

189) Cet ancien maire de New York (1994-2001) aura agi pour complaire à Donald Trump, candidat malheureux à sa propre réélection. C'est en l'occurrence une courtisanerie délictueuse qui lui fera verser 150 million d'euros de dommages-intérêts aux victimes de sa calomnie (https://www.lemonde.fr/international/article/2025/01/11/etats-unis-rudy-giuliani-l-ancien-avocat-personnel-de-donald-trump-de-nouveau-condamne-pour-diffamation_6491904_3210.html). Son action municipale s'était achevée en 2001.

190) C'était par exemple le sens de la loi n° 98-1165 du 18 décembre 1998 qui traite de l'éducation dans la famille.

191) « *Le message du film, plus que louable, à savoir privilégier la réinsertion que la sanction, n'est pas suffisamment distillé de manière subtile, et se présente souvent comme une leçon de morale plutôt que comme une leçon juridique ou sociale emportant la conviction du spectateur* » (Marie-Odile DIEMER, Procès pénal et cinéma : un sujet à bout de souffle ? À propos du film Je le jure de S. Theis, D.A. 9 avril 2025).

délinquants l'envie de persister dans la perpétration d'actes délictueux. Autrement dit, grâce à la certitude et à la promptitude de la sanction, le désistement volontaire permanent s'envisagerait fort bien. À l'inverse, cet espoir demeurera illusoire aussi longtemps que des peines ne s'abattront pas vite et lourdement (192).

196. – Dès lors, les piliers des bars et cafés, désormais redéployés et démultipliés sur Internet, vilipendent sans retenue nos autorités publiques regardées comme laxistes (193). Le leitmotiv de ces critiqueurs est précisément « *la prison pour tout et pour tous* ». Une prison devant nécessairement apparaitre (aux futurs délinquants) comme épouvantable. Sinon elle ne constituerait point un épouvantail, un repoussoir.

197. – Cette philosophie de la rigueur maximale aura justifié la mise au pilori du directeur de la prison de Fresnes en août 2022. Car il avait eu la faiblesse de fournir des karts (des kartings) à des jeunes prisonniers, pour leur permettre de s'évader, certes un laps de temps seulement, et en pensée uniquement (194).

198. – Cela dit, en pratique (et en théorie), les jeunes délinquants bénéficient (plus que les adultes) de mesures

192) Stéphane LEMAN-LANGLOIS, Doob et Carla CESARONI, Responding to Youth Crime in Canada, RSC 2005. 445.

193) https://www.lejdd.fr/Societe/carcerophobie-une-etude-choc-devoile-letendue-du-laxisme-judiciaire-en-france-154238.; https://www.lefigaro.fr/lefigaromagazine/qui-va-reellement-en-prison-le-laxisme-de-la-justice-francaise-en-chiffres-20250124.

194) https://www.ouest-france.fr/societe/prison/karting-en-prison-a-fresnes-ce-que-contient-le-rapport-d-enquete-de-l-administration-penitentiaire-013a6a64-237a-11ed-bda5-2977ce526b0a; https://www.lefigaro.fr/vox/societe/karting-a-fresnes-prison-plage-20220823.

alternatives à l'incarcération (195). Or beaucoup de gens (de Droite) préféreraient pour tous des peines effectives de privation de liberté. Serait-ce pour un emprisonnement de courte durée (196).

199. – La même année, les cinq candidats LES RÉPUBLICAINS pour devenir le représentant de leur partie politique LR à l'élection présidentielle (de 2022) se plaignaient tous de l'abrogation (socialiste) des courtes peines d'emprisonnement (197). Aussi promettaient-ils en chœur de les réinstaurer ; pour ensuite une application généralisée ; même et surtout aux infractions commises dans « *les territoires perdus de la République* » (198).

200. – L'extrême-droite a toujours partagé ce diagnostic sur l'insécurité ainsi que les réponses (*''rigoureuses en paroles''*) de la

---

195) Lilitt KHANGELDIAN, Quelle orientation pour les mineurs délinquants ? Décider vite et bien ! AJ pénal 2025. 168 ; Pierre JANUEL, Les députés musclent les peines alternatives pour favoriser leur prononcé, D.A. 1 décembre 2020.

196) Julien MUCCHIELLI, Quelle réforme pénale l'Assemblée a-t-elle adoptée ? D.A. 9 juin 2014 ; Julie ALIX, Les hésitations de la politique criminelle, RSC 2013. 677

197) Ces personnalités politiques étaient : Valérie Pécresse, Michel Barnier, Xavier Bertrand, Philippe Juvin, Éric Ciotti. Hélas pour eux, leur mouvement naguère populaire n'aura même pas réuni à obtenir 5 % des suffrages. D'où la ruine du parti et de la candidate désignée, Valérie Pécresse.

198) https://www.lemonde.fr/m-le-mag/article/2021/01/08/les-territoires-perdus-de-la-republique-retour-sur-pres-de-vingt-ans-de-polemique-autour-de-la-laicite-a-l-ecole_6065657_4500055.html.

« *droite dite modérée* » (199). L'une et l'autre composent ensemble une majorité sécuritaire pour le pays (200).

201. – Vingt ans plus tôt, lors de l'élection présidentielle de 2002, la délinquance des mineurs avait aussi occupé une grande place au sein du thème plus général de l'insécurité (201). Certains des candidats avaient envisagé (pour chaque adolescent) un carnet à points. Des points perdus à cause d'incivilités, mais ensuite regagnés en cas de bonnes actions.

202. – D'autres prétendants à la fonction suprême brandissaient plutôt l'éloignement des jeunes délinquants de leur zone de méfaits. En somme, les petits caïds devaient gagner des centres d'éducation renforcés. Sauf qu'aucune commune ne réclame ni ne souhaite de prison sur son territoire (202). Aujourd'hui, Saint-Pierre et Miquelon, de même que la Guyane, apparaissent idéaux pour le dépaysement et le transit des OQTF

---

199) Gilles RICHARD, La renaissance de la droite modérée à la libération, La fondation du CNIP, Vingtième Siècle, Revue d'histoire, Année 2000, 65 pp. 59-69.

200) https://www.charentelibre.fr/politique/immigration-securite-le-vote-rn-est-de-plus-en-plus-un-vote-d-adhesion-au-programme-de-l-extreme-droite-21351453.php.

201) Piotr SMOLAR, Sécurité et délinquance : les leçons de 2002, https://www.lemonde.fr/societe/article/2007/03/09/securite-et-delinquance-les-lecons-de-2002_881143_3224.html. D'après cet auteur : « La campagne de 2007 n'est pas, comme la précédente, centrée sur l'insécurité. Mais les candidats ne négligent pas le sujet ».

202) Delphine BOESEL, Pourquoi enfermer mieux au lieu d'enfermer moins ? Les cahiers de la justice 2020. 17.

dangereux (203). En tous cas, cette élection de 2002 aura connu un « *vote autoritaire et xénophobe* » (204).

203. – Le Parlement a même récemment débattu d'une « *proposition de loi visant à restaurer l'autorité de la justice à l'égard des mineurs délinquants et de leurs parents* » (205). Car pour nombre de penseurs (plutôt de droite) la délinquance juvénile se nourrirait de la disparition quasi-générale de l'autorité chez les personnes physiques ou morales, privées ou publiques (206). Il y aurait une démission des détenteurs de l'autorité familiale, scolaire, administrative, judiciaire, etc.

204. – Le concept de « *retour à l'autorité* » connaît conséquemment un regain d'intérêt. On aura par exemple pu dire que : « *Le retour d'une certaine autorité de l'État sur les entreprises s'accompagne d'un retour de l'autorité des chefs d'entreprise sur leurs salariés et sur leurs représentants* » (207).

205. – Dans une sorte d'heureux prolongement, les détenteurs de parcelles d'autorité sur les jeunes cesseraient d'attendre (nonchalamment) la survenue d'actes délictueux de leur part. Ils devraient au contraire s'activer pour les paralyser en

---

203) https://www.lemonde.fr/politique/article/2025/04/08/laurent-wauquiez-provoque-un-tolle-en-proposant-d-enfermer-les-etrangers-dangereux-sous-oqtf-a-saint-pierre-et-miquelon_6592809_823448.html.

204) Nonna MAYER, Les hauts et les bas du vote Le Pen 2002, Revue française de science politique, Année 2002, pp 505-520.

205) Pierre JANUEL, Les députés remanient la loi remaniant la justice des mineurs, D.A. 3 décembre 2024.

206) Des personnalités de gauche partagent le diagnostic et le remède. Par exemple : Jean-Pierre Chevènement ; Ségolène Royal ; Manuel Valls. Cet ébranlement de bonne attitude civique ou morale serait une onde de choc de mai 1968.

207) Emmanuel DOCKÈS, Le droit du travail dans l'affrontement des mondes possibles, Droit social 2018. 216.

amont ; un amont dès lors caractérisé par la discipline et le civisme.

206. – Voilà donc (re)venir la rumination d'un âge d'or mythique, un temps où dans les structures de formation les (chères) têtes blondes s'adonnaient paisiblement au travail scolaire prévu pour eux (208). Sauf que, années après années, leurs tignasses s'assombrissent (209) ; et peut-être leurs âmes aussi (210).

207. – Cette impression d'un confort de vie désormais progressivement compromis par des jeunes barbares est bien fausse. D'après un auteur, « *en portant un regard historique sur la question, on relève que ce spectre d'une intensification de la délinquance commise par des mineurs n'est pas nouveau, comme l'illustrent les expressions de « loubards » ou de « blousons noirs » employées dans les années 1950 et 1960* » (211). Et au début du siècle dernier, l'on aura déplorés de jeunes apaches et Marlous.

208. – Il n'empêche que l'idée d'un accompagnement militaire des mineurs émerge régulièrement de l'esprit des commentateurs des faits divers impliquant des jeunes. Récemment (en août 2022 à Mayotte) un ministre de l'Intérieur

---

208) Stéphane LEMAN-LANGLOIS, Doob et Carla CESARONI, Responding to Youth Crime in Canada, RSC 2005. 445.

209) https://www.slate.fr/story/216753/creolisation-concept-edouard-glissant-marotte-jean-luc-melenchon-france-insoumise.

210) Notre célébrissime MONTESQUIEU aura hélas pu écrire ceci : « *On ne peut se mettre dans l'esprit que Dieu, qui est un être très sage, ait mis une âme, surtout une âme bonne, dans un corps tout noir* » (https://www.philomag.com/articles/montesquieu-lavocat-du-diable).

211) Aurélien LANGLADE, Keltoume LARCHET et Sahana RATTINAM, Les homicides commis par des mineurs : cadres explicatifs et enjeux criminologiques, AJ pénal 2025. 224.

(Gérald DARMANIN) l'avait encore appelé de ses vœux (212). Dans l'idéal, il s'agirait pour les militaires de regrouper les jeunes réfractaires à l'ordre dans des camps. Puis de leur inculquer le goût de l'effort et de la ponctualité ; de même que l'obéissance sans discussion aux règles.

209. – Naturellement, cet oubli du sens critique se situe à l'opposé de la finalité de l'école républicaine, laquelle n'entend nullement former de jeunes gens bêtes et disciplinés. Au demeurant, « s*i les militaires souhaitent participer à la résilience nationale, ils n'imaginaient pas devoir bientôt gérer des centres de redressement pour jeunes à la dérive* » (213). D'où une déception quant aux résultats parfois obtenus (214). Plus encore, les remèdes attendus de l'appel au drapeau concernent des difficultés socioéconomiques trop complexes.

210. – En voici quelques exemples : « *exclusion sociale, incivilités, individualisme, chômage des jeunes, analphabétisme, crise de l'autorité…* » (215). L'on ne saurait se rassurer en se répétant que, « *à l'impossibilité nul n'est tenu* » (216) ; car il y serait répondu que « *impossible n'est pas français* » (217). Certes,

212) https://www.lemonde.fr/politique/article/2022/08/22/darmanin-veut-un-encadrement-militaire-pour-les-mineurs-delinquants-dans-les-territoires-d-outre-mer_6138702_823448.html.

213) Nicolas BAROTTE, https://www.lefigaro.fr/politique/encadrement-militaire-des-delinquants-l-idee-accueillie-avec-reserve-par-l-armee-20220823.

214) « *L'historienne Bénédicte Chéron rappelle que les expériences successives d'encadrement de jeunes par des militaires ont rarement été concluantes* » (https://www.la-croix.com/Debats/militaires-encadrer-jeunes-mise-oeuvre-cette-idee-deja-fait-preuve-inanite-2022-08-25-1201230156).

215) Jean-Philippe LECOMTE et Diane ROMAN, L'appel au drapeau : l'armée et les politiques d'insertion sociale de la jeunesse, RDSS 2007. 60).

216) Laurence GAREIL-SUTTER, Motif légitime de refus d'une expertise biologique : à l'impossible, nul n'est tenu, D.A. 4 janvier 2021.

217) RÉDACTION, Nullité d'une citation visant la totalité d'un ouvrage sans préciser les faits visés, Légipresse 2019. 200 : « *la poursuite commence par*

il a aussi plus modestement été suggéré que la police s'attaquât à l'absentéisme scolaire simplement en compliquant la déambulation illégitime des déserteurs scolaires (218).

2. – L'amende, le couvre-feu et l'apprentissage.

215. – Il est préconisé que les personnes choisissant de procréer assument les besoins de leurs enfants ; au moins en matière éducative. Une responsabilité civile et pénale s'ensuit alors. C'est-à-dire que, outre le versement de dommages-intérêts à la victime de l'enfant, ils ont éventuellement à supporter des amendes au profit de la collectivité, voire une peine d'emprisonnement.

216. – Certains parents protestent alors contre l'existence même de ce principe ; ou contre son maintien. La raison est qu'ils ne disposent d'aucun outil pour obliger leurs enfants à obéir et à se comporter sagement. Surtout qu'il est dorénavant interdit de molester son enfant pour l'éduquer ou pour s'assurer de son assimilation des bonnes manières (219). Les autorités fondent les

---

le terme « Avertissement », soit le tout début du livre, jusqu'à la phrase « Impossible n'est pas français », soit la dernière ligne du propos conclusif, ce qui représente donc 122 pages de propos ».

218) RÉDACTION, Un problème d'avenir : l'absentéisme scolaire, La Revue administrative, 55e Année, n° 328 (juillet-août 2002), pp. 400-402, Presses Universitaires de France, https://www.jstor.org/stable/40774834).

219) Helena BARGHOLTZ, La large prohibition européenne des châtiments corporels infligés aux enfants, AJ fam. 2005. 221 ; Martine HERZOG-EVANS, Châtiments corporels : Vers la fin d'une exception culturelle ?, AJ fam. 2005. 212 ; Edwige ANTIER, La justice à la croisée des savoirs - Réflexion sur les châtiments corporels infligés aux enfants et leur interdiction par le droit, Les cahiers de la justice 2011. 107.

plus grands espoirs dans des stages de responsabilité destinés aux parents eux-mêmes (220).

217. – Depuis longtemps désormais, le manquement à l'obligation d'assiduité scolaire est pénalement sanctionné d'une amende de la quatrième classe des contraventions (221). Le montant prévu est donc actuellement de 750 euros (222). En l'occurrence, ce n'est pas l'enfant qui est visé par le Code pénal, mais plutôt (comme disent les civilistes) « *ses père et mère* ». On supposera qu'il y a cependant une condition d'exercice de l'autorité parentale par l'adulte inquiété.

218. – En fait, toute personne en ayant l'exercice pourrait subir la condamnation pénale. Déjà apparaît comme suffisant l'exercice d'une « *autorité de fait de façon continue* » (223). Au moins les intéressés ne pourront-ils se plaindre d'être tenus à l'improviste, d'être pris en traître. D'ailleurs, « *nul n'est censé ignorer la loi* » (224).

219. – Pire, l'adulte pourrait se trouver prévenu de s'être soustrait « *sans motif légitime, à ses obligations légales au point de compromettre la santé, la sécurité, la moralité ou l'éducation de son enfant mineur* » (225). Or, par exemple, l'enfant voleur ou bien violeur manquera à l'évidence de l'éducation souhaitable ; il aura à minima adopté un comportement immoral. Le parent en cause

---

220) Florian WATIER, Parents d'enfants délinquants : regard critique sur la responsabilité pénale et la « responsabilisation parentale », AJ fam. 2025. 162 ; Salomé PAPILLON, Loi Attal sur la délinquance des mineurs : des parents plus responsables ? AJ fam. 2025. 390.

221) Code pénal, article R624-7, alinéa 1.

222) Code pénal, article 131-13.

223) Code pénal, article 227-17-1.

224) Michel DOBKINE, Nul n'est censé ignorer que la loi est... abrogée, D. 2002. 1225.

225) Code pénal, article 227-17.

subira au maximum une peine « *de deux ans d'emprisonnement et de 30 000 euros d'amende* » (226).

220. – Mais en cas de lien de causalité entre l'abandon (moral ou matériel) souffert par l'enfant délinquant et son infraction, le risque pénal augmente ; il vient d'être accru par la loi ATTAL (227). Encore que sa mise en œuvre soit de nature à susciter un certain contentieux. Car plusieurs facteurs joueront souvent dans la survenue de l'évènement infractionnel déploré, sans tous être imputables à l'adulte défaillant.

221. – Dès lors, « *comment être certain que la soustraction aux obligations parentales a conduit à la réalisation d'un crime ou de plusieurs délits ? S'il ne peut être exclusif, le lien de causalité devra-t-il au moins être direct ? Force est de constater que le texte ne s'embarrasse d'aucune exigence de gravité ou de répétition. Cet article peine à conjuguer les exigences du principe de légalité* » (228).

222. – Pour finir, une direction supplémentaire est suggérée en vue de responsabiliser les parents. En effet dit-on : « *La suppression des allocations familiales est le moyen le plus sûr* » (229). Certes, selon une auteure, une telle mesure semble se situer à l'opposé de « *nos principes fondamentaux et, en particulier, de l'exigence constitutionnelle de solidarité nationale*

---

226) Idem.

227) Code pénal, article 227-17 ; Salomé Papillon, Loi « Attal » sur la délinquance des mineurs : des parents plus responsables ? AJ fam. 2025. 390.

228) Idem.

229) RÉDACTION, Un problème d'avenir : l'absentéisme scolaire, La Revue administrative, 55e Année, n° 328 (juillet-août 2002), pp. 400-402, Presses Universitaires de France, https://www.jstor.org/stable/40774834).

en faveur des familles » (230). L'on pourrait railler cette position doctrinale, parce que six mois plus tôt le Conseil d'État avait considéré comme erronée une telle objection contre la suspension des allocations familiales (231).

223. – Effectivement, cette juridiction suprême avait longuement démontré la conformité à la Constitution de la loi du 28 septembre 2010, dite *"Loi Ciotti"*. En l'espèce, L'ASSOCIATION JUSTICE POUR TOUTES LES FAMILLES (AJPTF), entendait obtenir l'annulation de son décret d'application (232). Toutefois, dans un arrêt du 15 juin 2011, le Conseil d'État aura refusé la mise en œuvre de la QPC contre cette LOI CIOTTI (233).

224. – Par conséquent, une prochaine majorité de Droite pourrait reconduire le dispositif privatif d'allocations familiales aux élèves absentéistes. Du reste, lors des élections législatives de 2024, le Rassemblement National (RN) promettait le rétablissement de la loi Ciotti à son inspirateur, lequel était devenu un allié politique peut-être un peu controversé et destituable (234). Tous sont convaincus de la nécessité d'un large éventail de mesures coercitives.

225. – À cet égard, c'est généralement de nuit que surviennent les exploits malfaisants des mineurs ; c'est-à-dire

---

230) Maryline BRUGGEMAN, La sanction de l'absentéisme scolaire, au cœur de l'ambiguïté de l'obligation scolaire, Droit de la famille n° 12, Décembre 2011, dossier 19.

231) Certes, une décision des juges, même d'une des plus hautes juridictions, ne saurait ôter aux analystes leur capacité et leur volonté de discuter le droit positif.

232) Le décret n° 2011-89 du 21 janvier 2011 relatif aux modalités de calcul de la part des allocations familiales suspendues ou supprimées en cas d'absentéisme scolaire.

233) CONSEIL D'ÉTAT, 15 juin 2011, n° 347581.

234) Brigitte CLAVAGNIER, Destituer le président... JA 2024, n°702, p.3.

pendant que les honnêtes gens s'abandonnent à un sommeil réparateur. Par conséquent, le couvre-feu (de 21 à 5 H du matin) contre ces garnements semble une bonne idée (235). D'ailleurs, le mois de juillet 2025 aura révélé combien la mesure était défendable. Car l'on aura enregistré une explosion de violences même dans des petites villes ; comme Nîmes, Béziers ou Limoges.

226. – En gros, « *face à ce qui apparaît notamment comme une extension des guerres de gangs jadis circonscrites aux grandes villes, certaines municipalités déclarent un couvre-feu pour les mineurs* » (236). En tout état de cause, le couvre-feu vient d'être consacré par une loi, puis par le Conseil constitutionnel saisi (vainement) contre celle-ci (237).

227. – Du moment que la tranquillité nocturne paraît techniquement (juridiquement) assurée par le couvre-feu, il faudrait sans doute se préoccuper de celle diurne. L'idée serait de remplir les journées des enfants par une activité professionnelle plus captivante que l'école. D'où l'appel à l'apprentissage (238). Or bien avant son actuel succès, il concernait (concentrait) les

---

235) Gilles ARMAND, Le couvre-feu imposé aux mineurs : une conception nouvelle de la sécurité, AJDA 2002. 351.

236) https://www.courrierinternational.com/article/vu-de-l-etranger-le-couvre-feu-pour-mineurs-reponse-desesperee-des-villes-francaises-aux-violences_233425. Il y a alors cette précision : « *Une mesure à l'efficacité incertaine, pour la presse étrangère* ».

237) « *Ont été maintenues en revanche les dispositions relatives au couvre-feu - qui répond à l'obligation de prévention des atteintes à l'ordre public, elle-même inscrite au sein de la Constitution - et à l'aggravation des peines des parents de mineurs en état de délinquance* » (Noélie COUDURIER, La justice des mineurs, un totem absolu, JA 2025, n°723, p.7).

238) Il ne s'agit nullement de l'exploitation infantile éhontée d'autrefois. Aujourd'hui, « *les conditions de travail de l'enfant tant en termes de durée de travail et de repos que de prestation de travail exercée ou encore d'octroi de la rémunération sont encadrées* » (Maëlys GRANGE, Le travail de l'enfant dit influenceur : de quel droit ? Rev. trav. 2024. 308).

cancres. Et ceux-ci provenaient presque toujours des milieux populaires (239).

228. – Le personnel politique (de Droite) est allé jusqu'à suggérer l'abaissement (de 16 à 14 ans) de l'âge d'emprunt de cette voie professionnelle précoce (240). Une proposition prétendument faite pour le bien des jeunes eux-mêmes, à qui l'on évitait en effet la frustration de l'échec scolaire prévisible en cas de poursuite forcenée d'études généralistes et abstraites (241). Quinze ans c'est déjà une bonne moyenne.

229. – Au fond, la Droite hésite à dispenser de l'éducation juste pour le plaisir ; il faut que ce soit utile à la collectivité, et au moins à l'enfant lui-même (242). Le problème est cependant qu'il est commun de penser que l'obligation scolaire correspond à un droit et, aussi, à un devoir de tous les enfants vivant en France (243). Ils doivent en effet pouvoir recevoir un enseignement général avant d'avoir à se professionnaliser (244).

230. – Cela dit, ne pourraient-ils y revenir plus ou moins après l'accès à un métier ? Les jeunes concernés profiteraient dès

239) Madame Marine LE PEN a toutefois affirmé avoir envoyé son enfant en apprentissage (https://www.leparisien.fr/elections/presidentielle/vrai-faux-les-enfants-de-le-pen-ont-ils-vraiment-fait-leur-scolarite-dans-le-public-10-02-2017-6670632.php).

240) Nathalie BOURZAT ALAPHILIPPE, La règlementation publique relative au travail des mineurs, JS 2020, n°207, p.16.

241) https://www.rtl.fr/actu/politique/presidentielle-2017-pourquoi-marine-le-pen-defend-l-apprentissage-des-14-ans-7787197793.

242) Laurent GAMET, Théorie et pratique du droit du travail, Droit social 2025. 545.

243) Thomaïs DOURAKI, Droit à l'éducation des enfants d'immigrés en Europe, RMCUE 2004. 375.

244) Conseil d'État, 19 juillet 2022, Limites à la responsabilité de l'État pour non-scolarisation d'un enfant handicapé (n° 428311), Lebon 2022.

lors du concept de « *formation tout au long de la vie* ». D'ailleurs, « *l'idée qu'un niveau de culture générale de base, non utilisé dans le cadre de l'entreprise, se maintient au fil du temps sans altération profonde est un leurre* » (245). Tout au moins pour la grande majorité des jeunes.

231. – Il paraît néanmoins contradictoire « *d'envisager, avec fatalisme, de les soustraire au plus tôt à cette même obligation* » (246). Certes, « *le jeune "perdu pour l'école" fut aussi, dès la fin du XIXe siècle, l'un des publics privilégiés de l'enseignement spécial* » (247). Au final, apprendre un métier et travailler de ses mains (re)gagne des lettres de noblesses (248). Ce que la Gauche admet du bout des lèvres.

B. – La critique de la rigueur contre les jeunes

242. – Tout le monde n'est pas convaincu par la pertinence d'une plus grande sévérité à l'encontre des jeunes délinquants. En tous cas les mérites de la prison sont largement déniés. De plus, il semblerait que l'insécurité générée par les mineurs ne serait pas aussi dramatiques qu'on le dit.

---

245) Paul SANTELMANN, Insertion et formation professionnelles des jeunes, Droit social 1993. 418.

246) Roger MONJO, L'école peut-elle être, à la fois, libératrice et obligatoire ?, Presses universitaires de Caen | « Le Télémaque », 2013/1 n° 43 | pages 87 à 102, https://www.cairn.info/revue-le-telemaque-2013-1-page-87.htm.

247) Bertrand GEAY, « Du « cancre » au « sauvageon ». Les conditions institutionnelles de diffusion des politiques d'« insertion » et de « tolérance zéro » », Actes de la recherche en sciences sociales, 2003/4, n° 149.

248) Bruno COQUET, L'apprentissage : le succès au prix fort, https://www.ofce.sciences-po.fr/pdf/ouvrage/2024-FR-09.pdf. https://www.caissedesdepots.fr/blog/article/pourquoi-lapprentissage-favorise-lemploi-des-jeunes.

1. – Le doute sur les intérêts de l'emprisonnement.

243. – La majorité des Français réclament une législation pénale nettement plus rigoureuse à l'encontre des auteurs d'infractions. Une rigueur qui alors revêtirait la forme d'enfermements systématiques. Mais à coup sûr, ces citoyens intransigeants s'indigneraient paradoxalement de subir un jour eux-mêmes les sévères sanctions ainsi fantasmées à l'encontre d'autrui.

244. – D'ailleurs, sans doute les gens de Droite méditeront-ils à l'avenir la pertinence de la fermeté pénale qu'ils préconisent inlassablement. D'abord, parce que les vertus qu'ils prêtent à l'emprisonnement sont en réalité surfaites (249). Pour l'essentiel, la demande d'enfermements « *contente tous ceux qui pensent que la prison ne les concerne pas, ne les concernera jamais* » (250).

245. – Or beaucoup de leurs anciens leaders se rapprochent dangereusement des portes des pénitenciers (251). L'on ose imaginer que nos SAINT-JUST du dimanche cantonneraient l'application de la rigueur pénale aux seuls pauvres, aux sans grade et aux adversaires politiques (252).

---

249) Stéphane LEMAN-LANGLOIS, Doob et Carla CESARONI, Responding to Youth Crime in Canada, RSC 2005. 445. Les gens n'en reviennent pas moins à la rescousse.

250) Delphine BOESEL, Pourquoi enfermer mieux au lieu d'enfermer moins ? Les cahiers de la justice 2020. 17.

251) Notamment Nicolas Sarkozy, François Fillon, Claude Guéant, Patrick Balkany, Marine Le Pen et ses lieutenants.

252) D'après ce révolutionnaire (robespierriste guillotiné à 26 ans), il fallait toujours trancher dans le vif contre les perturbateurs de la République (Julien JEANNENEY, Droit administratif et droit constitutionnel, RFDA 2025. 563). Il aura au moins été l'un des promoteurs du concept d'intérêt général.

246. – Le refus de la prison pour soi-même s'explique facilement par les conditions inhumaines imposées aux prisonniers. À ce sujet, chacun devine que la vie y est probablement insupportable. Autrefois, pour en avoir le cœur net, divers auteurs auront (chacun pour sa part) visité des prisons (253). Cela étant, Le 20 août 2025, l'on a pu entendre sur les ondes, et lire dans les quotidiens que, compte tenu de conditions indignes de détention, « *la contrôleure générale demande la fermeture d'une prison pour mineur à Marseille* » (254).

247. – Même passer une seule semaine en prison (comme détenu) représente un véritable calvaire. Pour commencer, cette durée hebdomadaire paraît trop brève pour déjà avoir le droit à une douche. En effet, il faudrait attendre la semaine suivante. Certes, au centre pénitentiaire de Saint-Etienne - La Talaudière, et peut-être ailleurs aussi, il existe « *l'accès quotidien aux douches pour les femmes en période de menstruation* » (255).

248. – Ailleurs précisément, c'est bien vainement que l'Ordre des avocats de Limoges et la section française de l'Observatoire international des prisons auront demandé « *au juge des référés d'enjoindre l'administration de procéder à un*

---

253) Ce fut le cas de : Victor Hugo ; Honoré de Balzac ; Alexandre Dumas ; George Sand ; Prosper Mérimée ; Gustave Flaubert ; Stendhal (Michel Pierre, Imaginaire et mythologie des bagnes, Les cahiers de la justice 2020. 61).

254) https://www.lemonde.fr/societe/article/2025/08/29/prisons-la-controleuse-generale-preconise-la-fermeture-de-l-etablissement-pour-mineurs-de-marseille-en-raison-de-conditions-de-detention-indignes_6637080_3224.html; https://www.radiofrance.fr/franceinter/podcasts/l-info-de-france-inter/l-info-de-france-inter-3967520; https://www.ouest-france.fr/societe/prison/crasseuse-infestees-de-fourmis-faut-il-fermer-la-prison-pour-mineurs-de-marseille-d8f1af06-84b3-11f0-bcb7-e4ebd4c8350d;

255) Conseil d'État 15 mai 2023, Quand la dignité des détenus s'arrête à la porte des mesures structurelles, AJ pénal 2023. 302.

remplacement des douches [trop vétustes] et d'assurer une distribution optimale d'eau chaude et froide dans toutes les parties de l'établissement » (256).

249. – D'un autre côté, la cellule de prison accueille au moins trois détenus à la fois (257). Malheureusement, les WC se trouvent dans l'un des coins de cette pièce exigüe. De sorte que les prisonniers urinent ou défèquent sous le regard gêné de leurs compagnons d'infortune. Or peut-être certains d'entre eux seront-ils en train de déjeuner ou de dîner. Autant dire que l'intimité manque en prison, de même que toute vie sentimentale et/ou sexuelle (258).

250. – D'un autre côté, il est absolument difficile d'y dormir d'un sommeil réparateur. Car outre que le matelas et le linge reçus (en vue de gagner les bras de Morphée) seront d'une propreté douteuse, pendant toute la nuit divers bruits déchireront le silence espéré. Ils consisteront généralement en des geignements de douleur ; en des explosions d'allégresse sportive ; en des cris de démence ; etc.

251. – Un ancien prisonnier a reconstitué une cellule dans un camping-car pour sillonner la France et donner à chacun (surtout aux jeunes) une idée, serait-ce partielle, de la vie en prison. Il l'appelle la « *grotte mobile* » (259). Peut-être les autorités

---

256) Dorian GANDOLFO, Conditions matérielles de détention à la maison d'arrêt de Limoges, D.A. 9 janvier 2025.

257) Caroline FLEURIOT, L'interminable moratoire sur l'encellulement individuel, D.A. 21 octobre 2014.

258) TRIBUNAL ADMINISTRATIF DE NANTES, 25 octobre 2007, Acte sexuel au parloir : pas de faute disciplinaire sans exposition à la vue d'autrui, AJ pénal 2008. 43.

259) Adama CAMARA : https://www.radiofrance.fr/franceinter/podcasts/carnets-de-campagne/carnets-de-campagne-du-mardi-17-juin-2025-1411129;

publiques elles-mêmes devraient-elles se charger de cette pédagogie sur la réalité de la prison.

252. – Certes, des émissions de téléréalité reconstituent l'univers carcéral au profit de participants qui parfois paient pour vivre une expérience d'enfermement et de privation de liberté. Il arrive que l'immersion ait lieu dans un authentique pénitencier en fonctionnement (260). Mais c'est toujours pour une durée plutôt brève ; et le faux-prisonnier conserve la faculté de tout arrêter quand bon lui semble. Bien entendu, il en va différemment dans la vraie vie, sauf à songer à l'évasion.

253. – L'incarcération se révèle parfois pire que le mal initialement déploré. En effet, la prison ressemble à une école du crime. Ou bien, comme disait TOCQUEVILLE, c'est « *le noviciat de la récidive* » (261). Car les autres prisonniers seront souvent des repris de justice qui raconteront volontiers leurs coups réussis ou manqués, ainsi que la façon de procéder au mieux pour échapper à la répression pénale (262). Plus généralement, est-il soutenu : « *L'effet criminogène de la prison est largement constaté tant en France qu'à l'étranger* » (263).

254. – Bien entendu, ce ne sont pas forcément les codétenus qui motivent les récidives consécutives à l'incarcération. En effet, si d'une part le condamné n'a point reconnu sa faute, et donc la légitimité de sa peine, il s'enferrera dans des projets délictueux de

---

https://www.sudouest.fr/justice/prison/avec-sa-grotte-mobile-il-veut-sensibiliser-les-jeunes-a-la-realite-de-la-vie-carcerale-25553184.php.

260) https://www.rtbf.be/article/etre-en-prison-avec-de-vrais-criminels-pendant-60-jours-c-est-la-nouvelle-telerealite-trash-aux-etats-unis-9227522

261) Volodia MIJUSKOVIC, Le détenu « acteur de sa détention » Les cahiers de la justice 2023. 309.

262) Anne SIMON, La dystopie d'un monde sans peine, RSC 2021. 275.

263) Catherine MÉNABÉ, Comprendre la criminalité, in Répertoire de droit pénal et de procédure pénale, 2019, n° 114).

vengeance contre la société (264). On pourrait ici comprendre l'idée de mesures de sûreté ; pour réaliser une surveillance active de l'intéressé (265).

255. – D'autre part, la prison retire à l'individu ses moyens de survie ; elle le prive de son travail ainsi que des perspectives professionnelles (266). De troisième part, les réseaux de solidarité du prisonnier auront disparu ; soit parce que distendus par le temps passé ; soit par rejet de « *la personne qui a fait de la prison* ». À ce sujet, « *le stigmate de la probation produit des effets analogues à ceux du stigmate carcéral comme exclusion symbolique et pratique du monde social* » (267).

256. – De quatrième part, les prisonniers étant (logiquement) mal soignés, leurs maladies psychiatries et leurs affections somatiques s'aggravent (268). En conséquence de quoi la prison rend à la société un individu qu'elle aura transformé en épave humaine (269).

---

264) « *C'est aussi par vengeance contre une injustice initiale que certains requérants reviennent souvent devant le juge administratif. Le rancunier. Ces requérants se caractérisent en attaquant les décisions d'une même administration à laquelle ils veulent faire payer un précédent comportement* » (Fabrice LEMAIRE, Les requérants d'habitude, RFDA 2004. 554).

265) Cyrille DUVERT, Qu'est-ce qu'une peine ? D. 2020. 2407 ; Michel VERPEAUX, La censure de la création de mesures de sûreté à l'encontre des auteurs d'infractions terroristes, AJDA 2020. 2319.

266) David PAMART, Devant le juge, réhabilitation n'est pas amnésie, D.A. 20 mai 2025.

267) Olivier RAZAC, Fabien GOURIOU et Jérôme FERRAND, L'épreuve de la probation, Les cahiers de la justice 2020. 21.

268) Lucile PRIOU-ALIBERT, Prison et troubles mentaux : constat alarmant et perspectives d'évolution, D.A. 19 mai 2010.

269) Jean DANET, La notion d'état de santé et la détention en Europe, RSC 1996. 49.

257. – D'un autre côté, l'effet dissuasif des peines fulminées par le Code pénal se produit seulement à la marge ; surtout s'agissant des jeunes. D'abord, parce que chacun d'eux se figure pouvoir passer *''entre les gouttes''* ; c'es-t-à-dire que sa chance lui permettra de toujours échapper aux foudres de la loi (270).

258. – En vérité, il y a une méconnaissance (par la quasi-totalité de la population) des incriminations pénales, de leurs tarifs et de la jurisprudence correspondante. À cet égard, nul ne saurait sérieusement soutenir que les délinquants perpètrent leurs forfaits seulement après qu'ils se sont rassurés sur les risques encourus. Non, et déjà à supposer qu'ils sachent lire, les criminels endurcis et les criminels en herbe, n'utilisent pas le Code pénal comme livre de chevet (271).

259. – Peut-être les personnes instruites ou cultivées soupèsent-elles préalablement le risque pénal des agissements qu'elles se proposent de commettre. Il n'en demeure pas mois qu'existe une délinquance en col blanc et/ou celle en costume cravate (272). Le caractère dissuasif du tarif pénal reste par conséquent très douteux (273).

260. – Plus généralement, « *Dans tous les pays démocratiques, les doctrines pénales néolibérales et les théories de "tolérance zéro" sont abandonnées lorsqu'elles ont été*

---

270) Du reste, les malchanceux tombés dans les filets de la police ne subissent ensuite jamais les peines maximales prévue par le Code pénal.

271) Pire, la connaissance des peines probables exciterait probablement les jeunes récalcitrants. Cela serait de nature à les inciter à davantage braver les interdictions (ridicules !) posées par les *''vieux''*.

272) Laurent SAENKO, Délit de non-transmission de documents comptables à l'assemblée générale : le retard est-il punissable ? RTD com. 2025. 202.

273) Louise FINES, L'organisation des crimes en col blanc, Une gestion meurtrière, Paris, L'Harmattan, 2012, 231 pages.

expérimentées. En France, la politisation de la peur de la jeunesse sert de dérivatif aux crises sociale » (274).

2. – L'exagération partisane (des causes) de l'insécurité.

271. – La Droite reproche inlassablement à la Gauche un angélisme envers les criminels. Pour celle-là, celle-ci se laisserait guider par une « *vision infantile de la délinquance des petits chenapans qui viennent jusque dans nos bras égorger nos fils et nos compagnes* » (275). En vérité, l'on devrait enfermer moins ; « *sauf à écouter celles et ceux qui attisent la peur* » (276).

272. – Hélas, des (pseudos) enquêtes de la Droite concluent souvent à une augmentation des infractions commises par les jeunes et à une aggravation de la violence déployée par eux. Ensuite, des médias enthousiastes et complaisants relaient ces prétendues observations. À leur égard, que les statistiques officielles indiquent une réalité plus contrastées n'y change rien (277). C'est en quelque sorte une variante de l'opposition

274) Pierre JOXE, Droit des enfants : vers le modèle américain ? Les cahiers de la justice 2011. 5 ; Michaël HARAVON, Tolérance zéro : où en est le tout-carcéral en Angleterre et aux États-Unis ? D. 2013. 2235.

275) Félix ROME, « Alertez les bébés ! », D. 2008. 2993.

276) Delphine BOESEL, Pourquoi enfermer mieux au lieu d'enfermer moins ? Les cahiers de la justice 2020. 17.

277) https://www.huffingtonpost.fr/life/article/une-hausse-de-la-delinquance-des-mineurs-en-france-ce-n-est-pas-ce-que-disent-les-chiffres_233091.html; https://www.lemonde.fr/idees/article/2025/03/11/la-delinquance-des-jeunes-diminue-mais-les-actes-les-plus-violents-augmentent_6578457_3232.html.

médiatico-politique entre le sentiment d'insécurité et la réalité de l'insécurité (278).

273. – Dans ce cadre, un lien de causalité unirait l'absentéisme scolaire et la délinquance juvénile ; ce qui est faux. Mais pour les besoins de la démonstration adhérons-y. Même adhésion hypothétique à l'affirmation suivante. À savoir : qu'une « *étude américaine a démontré que si les atteintes aux biens augmentaient de 14 % les jours de fermeture d'école, les agressions physiques augmentaient de leur côté de 28 % quand on les ouvrait* » (279).

274. – Notre démonstration retient comme passage obligé la question de savoir quoi privilégier entre la préservation d'un bien matériel et la préservation de la vie humaine (280). En l'occurrence, s'impose une réponse en deux temps. Premièrement, il convient de toujours pencher pour la préservation de l'humain (281).

275. – Ce faisant, et relativement à l'étude américaine ci-dessus, l'on aboutit à une conclusion (absurde) qui invite à se féliciter de l'absentéisme scolaire. Pourquoi ? Parce que plus celui-ci se renouvellera, moins il y aura alors d'atteintes aux personnes.

---

278) André NORMANDEAU, Le sentiment d'insécurité des femmes face à la criminalité, RSC 1994. 805 ; Jean-Jacques GLEIZAL, A propos de la sécurité, RSC 1994. 812.

279) Vincent CASANOVA, L'argent et l'absent, Vacarme 2010/3 (n° 52), pages 92 à 94.

280) Ève BENAZETH, La sauvegarde de la vie humaine et la pollution dans le même bateau ! JT 2012, n°140, p.10.

281) CONSEIL D'ÉTAT, 20 avril 2020 (n° 44000), « *L'État n'a pas porté une atteinte manifestement grave et illégale au droit à la vie et à la protection de la santé en ne prenant pas de mesures spécifiques pour réduire la pollution aux particules fines issue de l'activité agricole durant l'état d'urgence* », Lebon 2020.

En vérité, et c'est le second temps de la réponse, l'étude sociologique américaine constitue seulement une corrélation entre un taux d'absentéisme et un taux des agressions.

276. – Il faut pourtant concéder que la fréquentation assidue de l'école par les élèves harceleurs leur donne des occasions plus nombreuses de nuire à leurs camarades victimes. Inversement, l'éventuel absentéisme des harceleurs, peut-être à la suite d'une exclusion (temporaire ou définitive) soulagera forcément leurs victimes récurrentes (282).

277. – Encore que de nos jours, du fait des réseaux sociaux, ces victimes demeurent exposées en permanence aux attaques. C'est le cyber-harcèlement. Peut-être celui-ci refluera-t-il grâce à une loi adéquate. Ainsi, une obligation de déconnexion devrait à l'avenir supplanter l'impuissant droit à la déconnexion (283).

278. – Dans beaucoup d'esprits, la causalité et la corrélation se confondent souvent ; trop souvent. Sans doute parce que chacune survient dans un temps où deux évènements se mettent à coexister. Or, en matière de corrélation, les deux évènements coexistent par pur hasard. En revanche, concernant la causalité, un évènement initial (la cause) précède et entraîne un second (la conséquence).

---

282) Pendant presque trois années, il aura existé un article L. 511-3-1 dans le Code de l'éducation, à la suite de la loi pour une école de la confiance, en date du 26 juillet 2019. Il prévoyait que : « *Aucun élève ne doit subir, de la part d'autres élèves, des faits de harcèlement ayant pour objet ou pour effet une dégradation de ses conditions d'apprentissage susceptible de porter atteinte à ses droits et à sa dignité ou d'altérer sa santé physique ou mentale* ». Cf. Aude DENIZOT, Le harcèlement scolaire estropié par la loi pour une école de la confiance, RTD civ. 2019. 952.

283) Chantal MATHIEU, Marie-Madeleine PÉRETIÉ et Alex PICAULT, Le droit à la déconnexion : une chimère ? Rev. trav. 2016. 592.

279. – Des observations sociologiques fondent ou confirment ce propos (284). Par exemple, dans trois collèges de Mantes-la-Jolie des absentéistes avaient été suivis au premier trimestre de l'année 1999. Or seulement la moitié d'entre eux se seront singularisés par la commission d'actes délictueux. Il s'agissait alors d'atteintes bêtes et méchantes à des biens (vandalisés, tagués, etc.) ; de même qu'il pouvait être question d'appropriations illicites de biens d'autrui.

280. – Selon des observations plus anciennes : « *Si absences répétées et délinquance existent chez les mêmes sujets, la relation de cause à effet entre l'un et l'autre, ou l'existence dans un même processus, d'étapes vers la délinquance, dont l'une serait constituée par des absences de plus en plus nombreuses, est loin d'être généralisable* » (285). L'auteure précise en plus que, même sans diplôme et sans emploi, les jeunes ne verseraient pas tous dans la délinquance. Car ils seraient « *souvent gardés au sein des familles* » (286).

281. – Les pouvoirs publics cherchent parfois à pénaliser les parents des sauvageons en les frappant au portefeuille. Or ce sont généralement des pauvres dont les allocations familiales représentent une part importante de leur budget familial. À ce propos, un homme politique (certainement de gauche) a tenu ce discours : « *Avec la droite, les familles monoparentales stigmatisées se voyaient reprocher d'entraîner une augmentation de la délinquance juvénile. Les familles les plus vulnérables, dans*

---

284) Arnaud COCHE, Faut-il supprimer les expertises de dangerosité ?, RSC 2011 p.21 ; D.-P. FARRINGTON, Les signaux précoces de l'agir délinquant fréquent, Criminologie, 1986, n° 2, p 23.).

285) Maryse ESTERLE-HEDIBEL, absentéisme, déscolarisation, décrochage scolaire, les apports des recherches récentes, Médecine & Hygiène, Déviance et Société », 2006/1 Vol. 30, pages 41 à 65, https://www.cairn.info/revue-deviance-et-societe-2006-1-page-41.htm).

286) Idem.

le même esprit, étaient menacées de suspension des allocations familiales pour cause d'absentéisme scolaire » (287).

282. – Il est entendu que cet absentéisme scolaire se voit imputer en tout ou partie la délinquance juvénile. Aussi, « *un projet de stigmatisation et de punition a succédé à un projet d'identification et d'intégration* » (288). De fait, une mesure d'amputation des allocations familiales ou du quotient familial agace plus qu'elle n'appauvrit les personnes riches (289). Mais comme il est professé : « *Percevoir trop ou pas assez, source de discriminations* » (290).

283. – Une autre inégalité entre familles d'enfants délinquants concerne l'accès à la justice. Bien sûr qu'il serait excessif de parler de justice de classe en Europe de l'ouest (291). Toutefois, lorsque des garanties de représentations sont attendues d'un justiciable, l'enfant de la famille bourgeoise les présentera sans peine. Il exhibera sans coup férir la preuve de l'exercice d'un emploi ou de la possession d'un logement (292). La différence

---

287) Marc-Pierre MANCEL, Secrétaire national chargé de la santé, de la protection sociale, et de la famille (au parti socialiste). https://www.parti-socialiste.fr/comprendre/sante-solidarites-et-protection-sociale/une-politique-familiale-plus-juste-plus-proche-des-besoins-des-familles-plus-dynamique/

288) Roger MONJO, L'école peut-elle être, à la fois, libératrice et obligatoire ?, Presses universitaires de Caen | « Le Télémaque », 2013/1 n° 43 | pages 87 à 102, https://www.cairn.info/revue-le-telemaque-2013-1-page-87.htm.

289) Françoise MONÉGER, La politique familiale du gouvernement, valse hésitation autour de la mise sous condition de ressources des allocations familiales, RDSS 1998. 605.

290) Christophe WILLMANN, Non-recours, cause et effet de discriminations aux prestations sociales, Droit social 2025. 436.

291) Rédaction, Justice de classe, vraiment ? Les cahiers de la justice 2017. 1.

292) Les gens du voyage et les étrangers souffriront toujours d'une sorte de défaveur. Cf. Cour de cassation, 2e civ. 16 octobre 1996, Les garanties de représentation d'un étranger qui peuvent justifier son assignation à

apparaît également au niveau du conseil juridique souhaitable dans un cadre similaire. Car l'un s'offrira le meilleur défenseur possible, tandis que l'autre se contentera d'un avocat commis d'office.

284. – Les milieux populaires rencontrent une discrimination ou une condescendance lorsqu'il est question des infractions de leurs enfants ; même à l'étranger. Par exemple, une revue de lecture de quotidiens britanniques de 1911 rendait compte d'une grève quasi-nationale des écoliers anglais. À cette occasion « *la presse incrimina souvent la "truant class", la classe des élèves faisant l'école buissonnière que l'on trouva au premier rang dans les meetings, les manifestations mais aussi dans les bagarres et les attaques de bâtiments scolaires* » (293).

---

résidence sont souverainement appréciées par les juges du fond D. 1998. 23.

293) Danièle RANCIÈRE, La grève des écoliers, Association Vacarme | « Vacarme », 2004/1 n° 26 | pages 41 à 46, https://www.cairn.info/revue-vacarme-2004-1-page-41.htm).

Conclusion

Quand un mineur est livré à la justice (et plus précisément au juge des enfants), sans doute est-ce parce qu'il aura commis diverses infractions plus ou moins graves. L'idée commune est qu'il était prédisposé à la délinquance. Grosso mode, il sera vu comme un coupable et, parallèlement, comme une victime ; ancienne, actuelle ou prochaine. En tous cas, l'espoir de la collectivité sera que ce jeune ne s'installe nullement dans la délinquance. Il devrait en effet pouvoir devenir un membre utile et honorable de la Nation.

Malheureusement, les structures alors mises en place pour la protection et la rééducation des mineurs en perdition souffrent de façon chronique d'un manque de places, de personnel et de matériel. Il s'ensuit que nos petites terreurs risquent souvent de demeurer dans leur quartier. Or ils y fanfaronneront alors dans les halls d'immeubles ou dans les rues et places. En d'autres termes, ils nargueront donc les honnêtes gens, lesquels pourraient hélas mal réagir.

C'est dans ce contexte que l'on se figure que la prison les empêcherait certainement de nuire à nouveau. Surtout que les conditions indignes d'enfermement ne devraient normalement pas inciter les intéressés à redemander la prison. Car, outre la promiscuité et la saleté, le bruit y règne. Concrètement en effet, le prisonnier est réveillé par l'alternance ou le cumul de la clameur de supporters ; par les pleurs de douleur ou de désespoir ; ainsi que par les cris de folie. Curieusement, la récidive persiste quand même...

De fait, obtenir « *un homme nouveau* », un citoyen modèle, grâce à quelques mesures paraît illusoire. Ce triste constat est partagé même par les contrées où se pratique le lavage de cerveau, ou bien la reprogrammation de l'individu. Certes, la France opte aussi pour une rééducation. Mais celle-ci demeure conforme aux droits de l'homme. Le pari français de la rééducation s'impose d'autant plus à l'esprit que les bagnes pour mineurs n'auront jamais été un modèle d'humanité ou même d'efficacité.

L'idée est de faire prendre conscience des méfaits perpétrés puis de favoriser l'empathie envers des victimes potentielles. Autrement dit, les jeunes délinquants (alors transfigurées) se garderaient à l'avenir de porter atteinte aux personnes ou aux biens d'autrui. Le juge des enfants est chargé de leur appliquer une politique plutôt duale, laquelle combine douceur et fermeté. Ce juge prononce d'ailleurs parfois des sanctions similaires à celles classiquement subies par les adultes.

Au fond, exception faite de la grande masse des personnes indifférentes à la question de la délinquance des mineurs, deux camps s'affrontent. L'un dénonce le confondant laxisme qui encouragerait la dérive infractionnelle des jeunes, tandis que l'autre camp dénie à la prison le moindre effet rédempteur. Au contraire, l'emprisonnement ressemblerait même à un stage de perfectionnement du futur criminel.

En vérité, la rééducation des mineurs délinquants s'impose comme la meilleure solution dans une société humaniste. Sachant que bon nombre d'entre eux gagneront heureusement le droit chemin, et ne seront donc pas récidivistes. De plus, l'éducation de base des enfants (par la famille et par l'école) suffit souvent pour faire de bons citoyens. En tous cas, la majorité des adultes criminels n'auront jamais autrefois fréquenté le bureau du juge des enfants.

Bibliographie

Sources classiques

Les sources après 2020

Anaïs Coignac, L'enfance en danger sacrifiée, D.A. 11 juillet 2025.

Anne Simon, La dystopie d'un monde sans peine, RSC 2021. 275.

Antoine Bloch, Au procès du « financement libyen » : « Le faisceau d'indices est une preuve comme une autre », D.A. 28 mars 2025.

Antoine Botton, Limites de l'exigence de notification du droit de se taire, RSC 2025. 425.

Audrey Darsonville, L'affaire Mis et Thiennot et la révision des condamnations pénales, AJ pénal 2023. 9.

Aurélie Cappello, Le viol, un trop petit crime, D. 2025. 842.

Aurélien Langlade, Keltoume Larchet et Sahana Rattinam, Les homicides commis par des mineurs : cadres explicatifs et enjeux criminologiques, AJ pénal 2025. 224.

Benjamin Monnery, Irvin Neerunjun, Renaud Mabire-Yon et Massil Benbouriche, Mesurer la récidive en France : des données nécessaires pour mieux évaluer, AJ pénal 2025. 30.

Brigitte Clavagnier, Destituer le président... JA 2024, n°702, p.3.

Bruno Coquet, L'apprentissage : le succès au prix fort, https://www.ofce.sciences-po.fr/pdf/ouvrage/2024-FR-09.pdf.

Carole-Anne Vaz-Fernandez, Nullité de la détention provisoire d'un mineur en raison de la présence d'un tiers lors du débat contradictoire, D.A. 8 avril 2025.

Catherine Berlaud, Sévérité de la loi pénale suisse qui punit la mendicité en question, Gaz. Pal. 16 févr. 2021, n° 396f8, p. 43.

Charlotte Tenenhaus, Loi sur la justice des mineurs : le Conseil constitutionnel a eu le dernier mot, D.A. 9 juillet 2025

Christophe André, Buts poursuivis, intérêts protégés, valeurs sociales défendues en droit pénal : un cabinet des antiques ? RSC 2025. 255.

Christophe Willmann, Non-recours, cause et effet de discriminations aux prestations sociales, Droit social 2025. 436.

Clotaire Mouloungui, L'absentéisme dans les formations, préf. Catherine Couturier, Didactijuris, 2025.

CNIL, Délibération SAN-2024-017 du 17 octobre 2024.

Conseil constitutionnel, 27 juin 2025, Détention provisoire (mineur) : inconstitutionnalité du régime, D. 2025. 1211.

Conseil d'État 15 mai 2023, Quand la dignité des détenus s'arrête à la porte des mesures structurelles, AJ pénal 2023. 302.

Conseil d'État, 19 juillet 2022, Limites à la responsabilité de l'État pour non-scolarisation d'un enfant handicapé (n° 428311), Lebon 2022.

Conseil d'État, 20 avril 2020 (n° 44000.

Cour administrative d'appel de Lyon, 17 juin 2021, Le contrôle de l'assignation à résidence peut inclure des enfants mineurs, AJDA 2021. 2498.

Cyrille Duvert, La loi visant à renforcer la lutte contre les dérives sectaires et à améliorer l'accompagnement des victimes, D. 2024. 912.

Cyrille Duvert, Qu'est-ce qu'une peine ? D. 2020. 2407 ;

David Pamart, Devant le juge, réhabilitation n'est pas amnésie, D.A. 20 mai 2025.

David Pargamin, L'enfance, un âge sans pitié ?, Philosophie Magazine, 12 mars 2021.

Delphine Boesel, Pourquoi enfermer mieux au lieu d'enfermer moins ? Les cahiers de la justice 2020. 17.

Dorian Gandolfo, Conditions matérielles de détention à la maison d'arrêt de Limoges, D.A. 9 janvier 2025.

Dorothée Goetz, Code de justice pénale des mineurs : quoi de neuf ? D.A. 22 janvier 2021.

Dossier, Juger les ministres : la Cour de justice de la République en question, AJ pénal 2021. 559.

Emmanuelle Maupin, La protection de l'enfance laissée à l'abandon, AJDA 2025. 688.

Fanny Rogue, Le placement éducatif à domicile, de l'innovation à la qualification juridique, D. 2024. 1114.

Florence Creux-Thomas, Sécurité globale, de quel droit ? La Semaine Juridique Edition Générale n° 13, 29 mars 2021, 344.

Florence Merloz, La question inédite du rapatriement des familles françaises de djihadistes devant la CEDH, D.A. octobre 2021 ;

Florian Watier, Parents d'enfants délinquants : regard critique sur la responsabilité pénale et la « responsabilisation parentale », AJ fam. 2025. 162

Gabriel Thierry, Pourquoi le fichier de traitement des antécédents judiciaires suscite toujours des critiques, D.A. 13 novembre 2024.

Gérard Coudert, Sauver l'arbitre, sauver la démocratie, JS 2025, n°263, p.3.

Hobinavalona Ramparany et Anne Scattolin, Quelques réflexions sur l'assurabilité des sanctions pécuniaires relevant de la matière pénale, RGDA nov. 2023, n° RGA201p1.

Jean-Christophe Videlin, L'impossible judiciarisation du champ de bataille validée par le Conseil constitutionnel, AJDA 2020. 171.

Julie Alix, Radicalisation et droit pénal, RSC 2020. 769.

Julie Gallois, Délit de risque causé à une personne dépositaire de l'autorité publique par diffusion d'information : précision sur l'action civile, D.A. 14 mars 2025.

Julien Faidherbe, La rationalité pénale à l'épreuve des violences, GPL 3 oct. 2023, n° GPL454d1.

Julien Jeanneney, Droit administratif et droit constitutionnel, RFDA 2025. 563.

Laura Viaut, La croisée des savoirs - L'aveu dans la procédure pénale, Les cahiers de la justice 2021. 151.

Laurence Gareil-Sutter, Motif légitime de refus d'une expertise biologique : à l'impossible, nul n'est tenu, D.A. 4 janvier 2021.

Laurence Garnerie, Atteintes aux forces de l'ordre, réponse pénale et moyens de la justice, Gaz. Pal. 1 juin 2021, n° 422m0, p. 8.

Laurent Gamet, Théorie et pratique du droit du travail, Droit social 2025. 545.

Laurent Saenko, Délit de non-transmission de documents comptables à l'assemblée générale : le retard est-il punissable ? RTD com. 2025. 202.

Lilitt Khangeldian, Quelle orientation pour les mineurs délinquants ? Décider vite et bien ! AJ pénal 2025. 168 ;

Maëlys Grange, Le travail de l'enfant dit influenceur : de quel droit ? Rev. trav. 2024. 308.

Manuela Brillat, La protection du mineur placé : la France est condamnée par la CEDH, D.A. 14 novembre 2022.

Marc Guerrini, L'accessibilité et l'intelligibilité de la loi, Droit social 2024. 110.

Marie-Odile Diemer, Procès pénal et cinéma : un sujet à bout de souffle ? À propos du film Je le jure de S. Theis, D.A. 9 avril 2025.

Marie-Sophie Baud, La manifestation de la vérité dans le procès pénal : une étude comparée entre la France et les États-Unis, Th. LGDJ, 2022.

Marine Protais, https://www.francebleu.fr/infos/faits-divers-justice/la-rochelle-gene-par-des-bruits-de-moteur-il-tire-avec-sa-carabine-dans-le-quartier-de-mireuil-1568739236.

Massil Benbouriche, Frédérique Le Doujet-Thomas et Christine Desnoyer, Les violences sexuelles dans la famille : quel traitement juridique ? AJ pénal 2020. 272.

Maxime Barba, Indice d'insécurité juridique, D. 2025. 1201

Michel Verpeaux, La censure de la création de mesures de sûreté à l'encontre des auteurs d'infractions terroristes, AJDA 2020. 2319.

Nathalie Bourzat Alaphilippe, La règlementation publique relative au travail des mineurs, JS 2020, n°207, p.16.

Nicolas Barotte, https://www.lefigaro.fr/politique/encadrement-militaire-des-delinquants-l-idee-accueillie-avec-reserve-par-l-armee-20220823.

Nicolas Bonnardel, L'intérêt supérieur de l'enfant en droit de la responsabilité civile : une considération en devenir ? D. 2025. 405.

Noélie Coudurier, La justice des mineurs, un totem absolu, JA 2025, n°723, p.7.

Olivier Razac, Fabien Gouriou et Jérôme Ferrand, L'épreuve de la probation, Les cahiers de la justice 2020. 21.

Pascale Bertoni, Le contrôle de l'État sur l'enseignement supérieur, AJDA 2024. 323 ;

Philippe Chaillou, Justice en situation - « Morts ou vifs », Les cahiers de la justice 2021. 693.

Philippe Desloges, Continuité de l'action du juge des enfants : de l'assistance éducative à la répression, AJ Fam. 2021. 459.

Pierre Januel, Gérald Darmanin face aux défis budgétaires de la justice, D.A. 11 juin 2025.

Pierre Januel, Les députés musclent les peines alternatives pour favoriser leur prononcé, D.A. 1 décembre 2020.
Pierre Januel, Les députés remanient la loi remaniant la justice des mineurs, D.A. 3 décembre 2024.
Pierre-Jérôme Delage, I - Principes directeurs de la procédure pénale, Le droit de ne pas contribuer à sa propre incrimination, source d'un aménagement de la charge de la preuve de la qualité à agir en nullité, RSC 2025. 101.
Rapport de la Cour des comptes sur les polices municipales d'octobre 2020.
Rémi Buhagiar, https://www.ladepeche.fr/2021/03/01/haute-garonne-excede-par-le-bruit-il-sort-de-sa-maison-arme-dun-fusil-et-menace-des-jeunes-9401662.php.
Rémy Cabrillac, Retour sur le concours d'agrégation de droit privé et sciences criminelles, D. 2024. 1456.
Salomé Papillon, Loi Attal sur la délinquance des mineurs : des parents plus responsables ? AJ fam. 2025. 390.
Sophie Diehl, Un enfant en conflit avec la loi est un enfant qui relève de la protection de l'enfance, AJ pénal 2025. 223.
Thomas Giraud, Le chantier de la lutte contre les violences sexuelles est engagé, JA 2022, n°668, p.7.
Vincent Egéa, De quelques notions clefs du droit de la famille au prisme du droit pénal, RTD civ. 2025. 313
Volodia Mijuskovic, Le détenu « acteur de sa détention » Les cahiers de la justice 2023. 309.

Les sources avant 2020

André Legrand, La sanction de l'absentéisme scolaire, La Semaine Juridique Administrations et Collectivités territoriales n° 39-40, 27 septembre 2010, act. 686.
André Normandeau, Le sentiment d'insécurité des femmes face à la criminalité, RSC 1994. 805 ;
Anne Portmann, Présence de l'avocat en garde à vue : pas d'exception systématique en matière de terrorisme, D.A. 18 octobre 2013 ;
Arnaud Coche, Faut-il supprimer les expertises de dangerosité ?, RSC 2011 p.21 ;

Aude Denizot, Le harcèlement scolaire estropié par la loi pour une école de la confiance, RTD civ. 2019. 952.
Aurélie Brégou, Les libertés d'information et de création artistique sacrifiées au profit d'un « droit à l'oubli », Légipresse 2013. 684.
Béatrice Penaud, L'inégalité des victimes devant la Commission d'indemnisation des victimes d'infractions (CIVI), Gaz. Pal. 10 août 2000, p. 2.
Bernard Bouloc, Durée de l'interdiction des droits civiques, civils ou de famille et de l'interdiction de séjour, RSC 1996. 117
Bernard Bouloc, Regard sur la prescription pénale, AJ pénal 2016. 294.
Bertrand Geay, « Du « cancre » au « sauvageon ». Les conditions institutionnelles de diffusion des politiques d'« insertion » et de « tolérance zéro » » », Actes de la recherche en sciences sociales, 2003/4, n° 149.
Caroline Fleuriot, Contrôle judiciaire et interdictions professionnelles, D.A. 22 mars 2012.
Caroline Fleuriot, L'interminable moratoire sur l'encellulement individuel, D.A. 21 octobre 2014.
Cass. Crim., 19 octobre 1999, 98-87.630, Bull. crim., n° 221.
Catherine Ménabé, Comprendre la criminalité, in Répertoire de droit pénal et de procédure pénale, 2019, n° 114.
Catherine Ménabé, Vers une théorie générale de la criminologie préventive, Répertoire de droit pénal et de procédure pénale/ Criminologie, octobre 2019.
Catherine Sevely, Réflexions sur l'inhumain et le droit, RSC 2005. 483.
Cesare Beccaria, Des délits et des peines », 1764.
Chantal Mathieu, Marie-Madeleine Pérétié et Alex Picault, Le droit à la déconnexion : une chimère ? Rev. trav. 2016. 592.
Charles Soulié, L'adaptation aux ''nouveaux publics'' de l'enseignement supérieur : auto-analyse d'une pratique d'enseignement magistral en sociologie, Presses de Sciences Po (P.F.N.S.P.) | « Sociétés contemporaines », 2002/4 no 48 | pages 11 à 39, https://www.cairn.info/revue-societes-contemporaines-2002-4-page-11.htm.
Christian Guéry, Une détention provisoire exceptionnelle... mais souhaitable, AJ pénal 2004. 238.

Christine Lazerges, Politique criminelle et droit de la pédophilie, RSC 2010. 725

Circulaire interministérielle n° 2014-159 du 24 décembre 2014 relative à la prévention de l'absentéisme scolaire, BOEN n° 1, 1er janv. 2015.

Claire Neirinck, Enfance, in Répertoire de droit civil, octobre 2016, n° 913.

Clotaire Mouloungui, La solidarité familiale, L'Harmattan, 2004, 309 pages.

Conseil d'État, 15 juin 2011, n° 347581.

Conseil d'État, 6 octobre 2008 (n° 309766), Non-lieu et acquittement n'ont pas le même sens face à une contravention de grande voirie, AJDA 2008. 2467

Cour de cassation, 2e civ. 16 octobre 1996, Les garanties de représentation d'un étranger qui peuvent justifier son assignation à résidence sont souverainement appréciées par les juges du fond D. 1998. 23.

D.-P. Farrington, Les signaux précoces de l'agir délinquant fréquent, Criminologie, 1986, n° 2, p 23..

Danièle Rancière, La grève des écoliers, Association Vacarme | « Vacarme », 2004/1 n° 26 | pages 41 à 46, https://www.cairn.info/revue-vacarme-2004-1-page-41.htm.

Didier Guével, Le droit : une science exacte (?), D. 2017. 1465.

Didier Lauru, « Moments de folie à l'adolescence », dans : Patrick Delaroche éd., Peut-on devenir fou ? Toulouse, Érès, « Le Bachelier », 2004, p. 59-69. DOI : 10.3917/eres.delar.2004.01.0059. URL : https://www.cairn.info/---page-59.htm.

Dossier, J. C. Affaires sociales : Un problème d'avenir : l'absentéisme scolaire, La Revue administrative, 55e Année, n° 328 (juillet-août 2002), pp. 400-402, Presses Universitaires de France, https://www.jstor.org/stable/40774834.

Édouard Tillet, Penser la peine, Répertoire de droit pénal et de procédure pénale / Histoire des doctrines pénales, MAJ octobre 2010.

Edwige Antier, La justice à la croisée des savoirs - Réflexion sur les châtiments corporels infligés aux enfants et leur interdiction par le droit, Les cahiers de la justice 2011. 107.

Émeric Jeansen, Des avantages individuels acquis au maintien de la rémunération annuelle, une notion byzantine chasse l'autre, JCP S 2016. 1420.

Emmanuel Dockès, Le droit du travail dans l'affrontement des mondes possibles, Droit social 2018. 216.

Étienne Douat, La construction de l'absentéisme scolaire comme problème de sécurité intérieure dans la France des années 1990-2000, Médecine & Hygiène | « Déviance et Société », 2007/2 Vol. 31 | pages 149 à 171, https://www.cairn.info/revue-deviance-et-societe-2007-2-page-149.htm.

Étienne Douat, L'absentéisme scolaire : une étude sociologique, Th. sociologie, Paris 5, 2005.

Eudoxie Gallardo, La qualification pénale des faits, RSC 2013. 986.

Ève Benazeth, La sauvegarde de la vie humaine et la pollution dans le même bateau ! JT 2012, n°140, p.10.

Fabrice Lemaire, Les requérants d'habitude, RFDA 2004. 554.

Félix Rome, « Alertez les bébés ! », D. 2008. 2993 ;

Félix Rome, Plus bête que méchant... – D. 2011. 2193 ;

Félix Rome, Sources profondes, D. 2012. 2881.

France Paramelle, La lutte contre le crime à New-York, Rudolph Giuliani : un homme, une volonté, L'Harmattan, 2009 ;

François Fourment, Répertoire de droit pénal et de procédure pénale, Faux témoignage, MAJ 2014.

François Touret de Coucy, Enfance délinquante, in Répertoire de droit pénal et de procédure pénale, 2005, n° 4.

Françoise Monéger, La politique familiale du gouvernement, valse hésitation autour de la mise sous condition de ressources des allocations familiales, RDSS 1998. 605.

François-Louis Coste, Statut de la parole et présomption d'innocence, AJ pénal 2004. 402.

Frédéric Rouvière, L'homme et la bête : de l'être au devoir-être ? RTD civ. 2017. 765 ;

Gabrielle Rabany, Travail dissimulé, D. 2000. 92.

Georges Vermelle, Non-cumul d'une peine d'emprisonnement et d'une interdiction professionnelle, RSC 2004. 873

Gilles Armand, Le couvre-feu imposé aux mineurs : une conception nouvelle de la sécurité, AJDA 2002. 351.

Gilles Richard, La renaissance de la droite modérée à la libération, La fondation du CNIP, Vingtième Siècle, Revue d'histoire, Année 2000, 65 pp. 59-69.

Helena Bargholtz, La large prohibition européenne des châtiments corporels infligés aux enfants, AJ fam. 2005. 221 ;
Hervé Moysan, L'accessibilité et l'intelligibilité de la loi, AJDA 2001. 428
Hubert Charles, Interprétation stricte de la loi pénale, D. 2000. 307.
Jean Danet et Claire Saas, Le fou et sa ''dangerosité'', un risque spécifique pour la justice pénale, RSC 2007. 779.
Jean Danet, La notion d'état de santé et la détention en Europe, RSC 1996. 49.
Jean Roos, Le projet d'un « service public unifié et laïc de l'éducation nationale » retiré en juillet 1984 : quels (libres) enseignements en tirer ? RFDA 2025. 189 ;
Jean-Jacques Gleizal, A propos de la sécurité, RSC 1994. 812.
Jean-Jacques Rousseau, Discours sur l'origine et les fondements de l'inégalité parmi les hommes, 1755.
Jeanne Clavel, La réparation pénale : une nouvelle utopie ? AJ pénal 2012. 326.
Jean-Philippe Lecomte et Diane Roman, L'appel au drapeau : l'armée et les politiques d'insertion sociale de la jeunesse, RDSS 2007. 60.
Jean-Pierre Balduyck et Christine Lazerges, Réponses à la délinquance des mineurs, RSC 1998. 610.
Jean-Pierre Marguénaud, La proclamation européenne du principe de rétroactivité de la loi pénale plus douce, RSC 2010. 234.
Jean-Pierre Rosenczveig, La délinquance des mineurs, D. 2002. 1358.
Jérémy Houssier et Valérie Avena-Robardet, Le privilège des derniers nés, AJ fam. 2018. 135.
Jocelyne Castaignède, La constitution de partie civile devant le juge d'instruction de la victime d'un mineur, D. 2000. 824.
John Locke, Quelques pensées sur l'éducation, 1693. Ce philosophe est mort riche (à 72 ans, en 1704) grâce à sa participation active à la traite négrière.
Judith Rochfeld, Contrat de responsabilité parentale, RTD civ. 2006. 395.
Julie Alix, Les hésitations de la politique criminelle, RSC 2013. 677
Julie Couronné, Le traitement des manquements à l'obligation scolaire : enjeux et recompositions entre Éducation nationale et Protection de l'enfance, Th. Sociologie, Paris CNAM, 2015.

Julien Mucchielli, Quelle réforme pénale l'Assemblée a-t-elle adoptée ? D.A. 9 juin 2014 ; Julie

Louise Fines, L'organisation des crimes en col blanc, Une gestion meurtrière, Paris, L'Harmattan, 2012, 231 pages.

Lucile Priou-Alibert, Prison et troubles mentaux : constat alarmant et perspectives d'évolution, D.A. 19 mai 2010.

Manuel Domergue et Lisa Taoussi, Santé publique France, Téléchargements/16771_doc00003376-3.pdf ;

Marcel Rufo, Adolescence et coups de folie, L'Express 2004, https://www.lexpress.fr/actualite/societe/adolescence-et-coups-de-folie_487981.html.

Marine Babonneau, Procès de Youssouf Fofana : la « terreur » et le silence, D.A. 11 janvier 2017.

Martine Herzog-Evans, Châtiments corporels : Vers la fin d'une exception culturelle ?, AJ fam. 2005. 212 ;

Maryline Bruggeman, La sanction de l'absentéisme scolaire, au cœur de l'ambiguïté de l'obligation scolaire, Droit de la famille n° 12, Décembre 2011, dossier 19.

Maryse Esterle-Hedibel, absentéisme, déscolarisation, décrochage scolaire, les apports des recherches récentes, Médecine & Hygiène, Déviance et Société », 2006/1 Vol. 30, pages 41 à 65, https://www.cairn.info/revue-deviance-et-societe-2006-1-page-41.htm.

Maryse Esterle-Hedibel, absentéisme, déscolarisation, décrochage scolaire, les apports des recherches récentes, Médecine & Hygiène, Déviance et Société », 2006/1 Vol. 30, pages 41 à 65, https://www.cairn.info/revue-deviance-et-societe-2006-1-page-41.htm.

Maryvonne Autesserre, A quoi sert le casier judiciaire des mineurs ? RSC 2003. 309.

Maurice Line, Réflexions sur la disponibilité des connaissances et de l'information en Grande-Bretagne aujourd'hui (https://bbf.enssib.fr/consulter/bbf-1991-04-0268-001.

Michaël Haravon, Tolérance zéro : où en est le tout-carcéral en Angleterre et aux États-Unis ? D. 2013. 2235.

Michael Walton, La culture a un impact sur la pauvreté ; mais pas à cause d'une culture de la pauvreté, https://shs.cairn.info/revue-afrique-contemporaine1-2008-2-page-133?lang=fr.

Michel Dobkine, Nul n'est censé ignorer que la loi est... abrogée, D. 2002. 1225.
Mireille Lasbats, Enfants soumis aux conflits de loyauté : séquelles traumatiques, AJ fam. 2016. 381.
Nadia Beddiar, La césure du procès pénal des mineurs, AJ pénal 2019. 483.
Nicolas Laurent-Bonne, Les origines de l'irresponsabilité pénale du somnambule, RSC 2013. 547.
Nonna Mayer, Les hauts et les bas du vote Le Pen 2002, Revue française de science politique, Année 2002, pp 505-520.
Olivier Le Bot, Loi anti-casseurs : censure des interdictions administratives de manifester, Constitutions 2019. 241.
Oona Ah-Thion, La lutte contre le crime à New-York (présentation du livre), RSC 2009. 1003.
Patrick Chariot, L'intervention du médecin en garde à vue, AJ pénal 2004. 279.
Paul Cazalbou, Retour critique sur le principe d'unicité de qualification des faits en droit pénal, RSC 2018. 387 ;
Paul Santelmann, Insertion et formation professionnelles des jeunes, Droit social 1993. 418.
Philippe Malaurie, Les enjeux de la codification, AJDA 1997. 642 ;
Pierre Joxe, Droit des enfants : vers le modèle américain ? Les cahiers de la justice 2011. 5 ;
Pierre Mousseron, Les immunités familiales, RSC 1998. 291.
Piotr Smolar, Sécurité et délinquance : les leçons de 2002, https://www.lemonde.fr/societe/article/2007/03/09/securite-et-delinquance-les-lecons-de-2002_881143_3224.html.
Rédaction, Justice de classe, vraiment ? Les cahiers de la justice 2017. 1.
Rédaction, Nullité d'une citation visant la totalité d'un ouvrage sans préciser les faits visés, Légipresse 2019. 200.
Rédaction, Un problème d'avenir : l'absentéisme scolaire, La Revue administrative, 55e Année, n° 328 (juillet-août 2002), pp. 400-402, Presses Universitaires de France, https://www.jstor.org/stable/40774834.
Reynald Ottenhof, Le concept de précocité en criminologie, RSC 1995. 863.
Roger Monjo, L'école peut-elle être, à la fois, libératrice et obligatoire ?, Presses universitaires de Caen | « Le Télémaque », 2013/1 n° 43 | pages

87 à 102, https://www.cairn.info/revue-le-telemaque-2013-1-page-87.htm.

Sabrina Lavric, Injure à l'audience : immunité judiciaire et excuse de provocation, D.A. 16 avril 2015.

Sébastien Boterdael, Le cadre juridique de l'apprentissage depuis 2018 : désentraver, libéraliser, réguler, Droit social 2025. 307.

Séverine Brondel, Mesures annoncées pour une égalité réelle, AJDA 2008. 2371.

Silvia Guemureman et Maryse Esterle, La délinquance juvénile et son traitement judiciaire en Argentine, RSC 2014. 227.

Solène Debarre et Charlotte Tenenhaus, Comparution immédiate : fallait-il vraiment rendre applicable aux mineurs ce que le droit pénal des majeurs connaît de pire ? AJ pénal 2025. 219.

Stéphane Leman-Langlois, Doob et Carla Cesaroni, Responding to Youth Crime in Canada, RSC 2005. 445. Les gens n'en reviennent pas moins à la rescousse.

Stéphane Pinon, Révolution numérique, « gilets jaunes » et réformes constitutionnelles, Constitutions 2018. 515.

TGI de Paris (26 juillet 2013, n° 13/55518.

Thierry Cretin, La preuve impossible ? RSC 1992. 53.

Thomaïs Douraki, Droit à l'éducation des enfants d'immigrés en Europe, RMCUE 2004. 375.

Tribunal administratif de Lille, 15 avril 2011, Prison : le droit à l'éducation, liberté fondamentale ? AJ pénal 2011. 260

Tribunal administratif de Nantes, 25 octobre 2007, Acte sexuel au parloir : pas de faute disciplinaire sans exposition à la vue d'autrui, AJ pénal 2008. 43.

Valérie Avena-Robardet, Jugement des mineurs, AJ fam. 2011. 396.

Véronique Tellier-Cayrol, La récidive : de quelques paradoxes et incohérences, AJ pénal 2012. 64.

Vincent Casanova, L'argent et l'absent, Vacarme 2010/3 (n° 52), pages 92 à 94.

Virginie Gautron, La fin de la singularité du modèle français de prévention de la délinquance, AJ pénal 2007. 205.

Youssef Guenzoui, La crainte révérencielle, D. 2010. 984 ; Georges Levasseur, Viol d'un mineur par son père, RSC 1993. 781.

Sites Internet

Les sites Internet privés

https://explicationdefilm.com/2023/12/28/tueurs-nes/
https://laref.org/2024/08/19/savoir-cest-pouvoir/.
https://madelen.ina.fr/content/le-mensonge-tragique-dun-petit-fils-96381?locale=fr ;
https://rmc.bfmtv.com/actualites/societe/c-est-un-enfer-ils-passent-leurs-nuits-dans-leur-hall-d-immeuble-pour-eviter-d-etre-squattes_AV-202302090267.html.
https://www.ash.tm.fr/magazine/2098/les-acteurs/jeunes-et-violences-il-faut-relativiser-389614.php#.
https://www.cge.asso.fr/le-cout-des-etudes-en-grande-ecole-et-le-financement-de-lenseignement-superieur-en-france/.
https://www.cge.asso.fr/le-cout-des-etudes-en-grande-ecole-et-le-financement-de-lenseignement-superieur-en-france/.
https://www.charentelibre.fr/2021/05/21/giflee-parce-qu-elle-allaite-dans-une-file-d-attente-video,3746077.php?nic.
https://www.charentelibre.fr/politique/immigration-securite-le-vote-rn-est-de-plus-en-plus-un-vote-d-adhesion-au-programme-de-l-extreme-droite-21351453.php.
https://www.courrierinternational.com/article/vu-de-l-etranger-le-couvre-feu-pour-mineurs-reponse-desesperee-des-villes-francaises-aux-violences_233425.
https://www.fondationpourlelogement.fr/30e-rapport-sur-letat-du-mal-logement-en-france-2025/.
https://www.huffingtonpost.fr/international/article/ces-enfants-soldats-enroles-par-daech-appeles-bombes-a-retardement-je-les-ai-rencontres_150300.html.
https://www.huffingtonpost.fr/life/article/une-hausse-de-la-delinquance-des-mineurs-en-france-ce-n-est-pas-ce-que-disent-les-chiffres_233091.html;

https://www.la-croix.com/Debats/militaires-encadrer-jeunes-mise-oeuvre-cette-idee-deja-fait-preuve-inanite-2022-08-25-1201230156.

https://www.lefigaro.fr/actualite-france/je-voulais-de-la-rigueur-et-de-la-discipline-ces-adeptes-du-public-qui-se-tournent-vers-le-prive-20240119.

https://www.lefigaro.fr/lefigaromagazine/qui-va-reellement-en-prison-le-laxisme-de-la-justice-francaise-en-chiffres-20250124.

https://www.lejdd.fr/Societe/carcerophobie-une-etude-choc-devoile-letendue-du-laxisme-judiciaire-en-france-154238.;

https://www.lematin.ch/story/arretes-pour-avoir-traine-des-pietons-tout-en-roulant-584008236961;

https://www.lemonde.fr/idees/article/2025/03/11/la-delinquance-des-jeunes-diminue-mais-les-actes-les-plus-violents-augmentent_6578457_3232.html.

https://www.lemonde.fr/international/article/2025/01/11/etats-unis-rudy-giuliani-l-ancien-avocat-personnel-de-donald-trump-de-nouveau-condamne-pour-diffamation_6491904_3210.html.

https://www.lemonde.fr/m-le-mag/article/2021/01/08/les-territoires-perdus-de-la-republique-retour-sur-pres-de-vingt-ans-de-polemique-autour-de-la-laicite-a-l-ecole_6065657_4500055.html.

https://www.lemonde.fr/politique/article/2021/01/15/macron-veut-relancer-l-egalite-des-chances_6066399_823448.html.

https://www.lemonde.fr/politique/article/2022/08/22/darmanin-veut-un-encadrement-militaire-pour-les-mineurs-delinquants-dans-les-territoires-d-outre-mer_6138702_823448.html.

https://www.lemonde.fr/politique/article/2025/04/08/laurent-wauquiez-provoque-un-tolle-en-proposant-d-enfermer-les-etrangers-dangereux-sous-oqtf-a-saint-pierre-et-miquelon_6592809_823448.html.

https://www.lemonde.fr/societe/article/2025/08/29/prisons-la-controleuse-generale-preconise-la-fermeture-de-l-

etablissement-pour-mineurs-de-marseille-en-raison-de-conditions-de-detention-indignes_6637080_3224.html;
https://www.leparisien.fr/elections/presidentielle/vrai-faux-les-enfants-de-le-pen-ont-ils-vraiment-fait-leur-scolarite-dans-le-public-10-02-2017-6670632.php.
https://www.leparisien.fr/seine-saint-denis-93/noisy-le-sec-un-automobiliste-soupconne-de-trainer-des-pietons-sur-plusieurs-metres-place-en-garde-a-vue-10-01-2022-DTTF2HIJPFBJVIFBIBPDLVXJWM.php.
https://www.lorientlejour.com/article/1018085/et-si-la-veritable-pauvrete-etait-la-misere-intellectuelle-.html.
https://www.maxpiccinini.com/pourquoi-lecole-ne-sert-plus-a-rien-5-raisons/
https://www.nouvelobs.com/societe/20081201.OBS3496/quand-sarkozy-voulait-detecter-les-troubles-du-comportement-chez-l-enfant.html.
https://www.ouest-france.fr/societe/prison/crasseuse-infestees-de-fourmis-faut-il-fermer-la-prison-pour-mineurs-de-marseille-d8f1af06-84b3-11f0-bcb7-e4ebd4c8350d;
https://www.ouest-france.fr/societe/prison/karting-en-prison-a-fresnes-ce-que-contient-le-rapport-d-enquete-de-l-administration-penitentiaire-013a6a64-237a-11ed-bda5-2977ce526b0a; https://www.lefigaro.fr/vox/societe/karting-a-fresnes-prison-plage-20220823.
https://www.parti-socialiste.fr/comprendre/sante-solidarites-et-protection-sociale/une-politique-familiale-plus-juste-plus-proche-des-besoins-des-familles-plus-dynamique/
https://www.philomag.com/articles/montesquieu-lavocat-du-diable.
https://www.questionsdeclasses.org/conscience-de-classe-vs-colere/
https://www.resovilles.com/retour-sur-la-penalisation-des-attroupements-dans-les-parties-commune-afd/ ;

https://www.rtbf.be/article/etre-en-prison-avec-de-vrais-criminels-pendant-60-jours-c-est-la-nouvelle-telerealite-trash-aux-etats-unis-9227522

https://www.rtl.fr/actu/politique/presidentielle-2017-pourquoi-marine-le-pen-defend-l-apprentissage-des-14-ans-7787197793.

https://www.slate.fr/story/216753/creolisation-concept-edouard-glissant-marotte-jean-luc-melenchon-france-insoumise.

https://www.sudouest.fr/justice/prison/avec-sa-grotte-mobile-il-veut-sensibiliser-les-jeunes-a-la-realite-de-la-vie-carcerale-25553184.php.

https://www.ville-et-banlieue.org/wp-content/uploads/2021/01/Au-fil-des-quartiers-n6-Bien-mang-er-dans-les-quartiers-populaires.pdf.

Les sites Internet publics

https://drees.solidarites-sante.gouv.fr/sites/default/files/2020-10/er1156.pdf.

https://www.assas-universite.fr/fr/evenements/femme-criminelle.

https://www.caissedesdepots.fr/blog/article/pourquoi-lapprentissage-favorise-lemploi-des-jeunes.

https://www.diplomatie.gouv.fr/fr/dossiers-pays/syrie/evenements/actualites-2022/article/rapatriement-d-enfants-et-de-meres-du-nord-est-syrien-05-07-22.

https://www.enap.justice.fr/histoire/colonies-penitentiaires-pour-mineurs.

https://www.france.tv/france-2/affaires-sensibles/5301099-le-mensonge-tragique-d-un-petit-fils.html#about-section.

https://www.radiofrance.fr/franceculture/podcasts/le-pourquoi-du-comment-philo/le-pourquoi-du-comment-philo-chronique-du-mardi-13-decembre-2022-7293244.

https://www.radiofrance.fr/franceinter/podcasts/carnets-de-campagne/carnets-de-campagne-du-mardi-17-juin-2025-1411129;

La délinquance juvénile selon un civiliste.

https://www.radiofrance.fr/franceinter/podcasts/l-info-de-france-inter/l-info-de-france-inter-1388615.
https://www.radiofrance.fr/franceinter/podcasts/l-info-de-france-inter/l-info-de-france-inter-3967520;
https://www.senat.fr/rap/r00-037/r00-03765.html.

Index alphabétique

De l'initiale A à l'initiale L

De l'initiale M à l'initiale V

Table des matières

Fin de l'ouvrage

www.ingramcontent.com/pod-product-compliance
Lightning Source LLC
LaVergne TN
LVHW082233051026
849532LV00012B/3963
* 9 7 8 2 4 8 7 7 4 0 2 9 7 *